Dr. Irene Köhler/Eberhard Aurich

Probleme beim Lesen und Rechtschreiben Was tun?!

Ein Ratgeber für Eltern

trainmedia

FÜR ELTERN und PÄDAGOGEN

Herausgeber:
trainmedia GmbH, Medien- und Verlagsgesellschaft
Redaktion des WORTSPIEGEL, Fachzeitschrift der LOS

Fotos: Eberhard Aurich Zeichnungen (Titel, S. 39): Ulrike Müller

Satz und Gestaltung:
Eberhard Aurich, trainmedia GmbH Berlin
Druck und buchbinderische Verarbeitung: COD GmbH Saarbrücken
ISBN 3-933699-28-2

Guter Rat

Viele Kinder haben schon sehr früh konkrete Berufsvorstellungen. Tim will Informatiker werden, Sarah Lehrerin, Laura Ärztin und Philipp Pilot, andere Kinder würden gerne als KfZ-Mechaniker, Verkäuferin, Fernfahrer oder Krankenschwester arbeiten. Eigentlich trauen sich alle zu, den beruflichen Anforderungen gerecht zu werden. Nur Lesen und Schreiben fällt manchen von ihnen in der Schule schwer. Da gibt es häufig Schwierigkeiten. Wenn nur die Fünf in Deutsch nicht wäre! Müssen deshalb Tim und Sarah, Laura und Philipp sowie manche andere ihre beruflichen Ziele schon frühzeitig aufgeben?

Alle Kinder im 5./6. Lebensjahr freuen sich auf die Schule. Sie hoffen, dort lesen, schreiben und rechnen zu lernen. Die meisten schaffen das ohne größere Probleme, einigen Kindern fällt es jedoch schwer. Sie können dem Tempo der Vermittlung des Lernstoffes in der Schule nicht folgen und geraten bald in Rückstand. Wird dieses „Steckenbleiben" nicht rechtzeitig erkannt und den Kindern nicht individuell geholfen, weiten sich die Schwierigkeiten im Lesen und Schreiben aus. Sie können zu massiven Störungen mit gravierenden Auswirkungen auch auf andere Fächer und damit auf die weitere schulische Entwicklung führen. Die Schüler geraten dann mitunter in einen Teufelskreis, in dem vermehrtes Üben nicht mehr hilft. Sie erleben laufend Misserfolge und verlieren die Lust am Lernen.

Das muss nicht sein! Durch eine geeignete Förderung kann Kindern mit Lese- und Schreibproblemen rechtzeitig geholfen werden, damit sie einen Beruf ergreifen können, der ihren Wünschen und ihren sonstigen Fähigkeiten entspricht. Erfahrene Wissenschaftler wie Prof. Dr. Günter Esser aus Potsdam, Dr. Peter May aus Hamburg und Prof. Dr. Kurt Meiers aus Immenstadt meinen deshalb, dass eine außerschulische pädagogische Therapie der beste Weg sei, die Kompetenz von Kindern mit Problemen im Lesen und Rechtschreiben im Umgang mit der Schriftsprache zu erhöhen. Ihre Position können Sie im Anhang dieser Broschüre nachlesen.

Sie als Eltern machen sich Sorgen. Sie haben viele Fragen, wie Sie Ihrem Kind am besten helfen können. Lesen Sie auf den folgenden Seiten unsere Antworten auf Ihre Fragen.

Wir hoffen, Ihnen damit einen guten Rat zu geben.

Dr. Irene Köhler
Eberhard Aurich

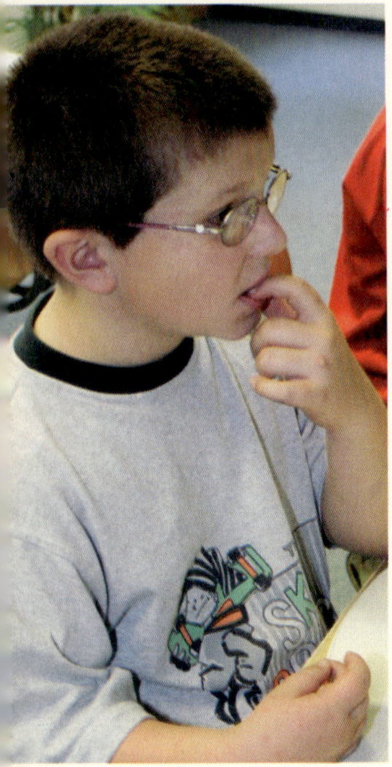

Unsere Antworten auf Ihre Fragen

Ziel einer speziellen Förderung im Lesen und Schreiben: Mehr persönliche Lebensqualität und bessere Lebenschancen durch verbesserte Schriftsprachkompetenz.

Pädagogische Therapie ersetzt nicht die elementare Vermittlung der schriftsprachlichen Fertigkeiten durch schulischen Unterricht. Sie setzt die Bemühungen der Schule fort und ergänzt diese.

Mein Kind hat in der Schule Probleme mit dem Lesen und Schreiben. Muss ich mir Sorgen machen? Was soll ich tun?

Lesen und Schreiben sind wichtig für die berufliche Zukunft Ihres Kindes. Wenn es damit Probleme gibt, sollte möglichst früh eine Förderung begonnen werden.

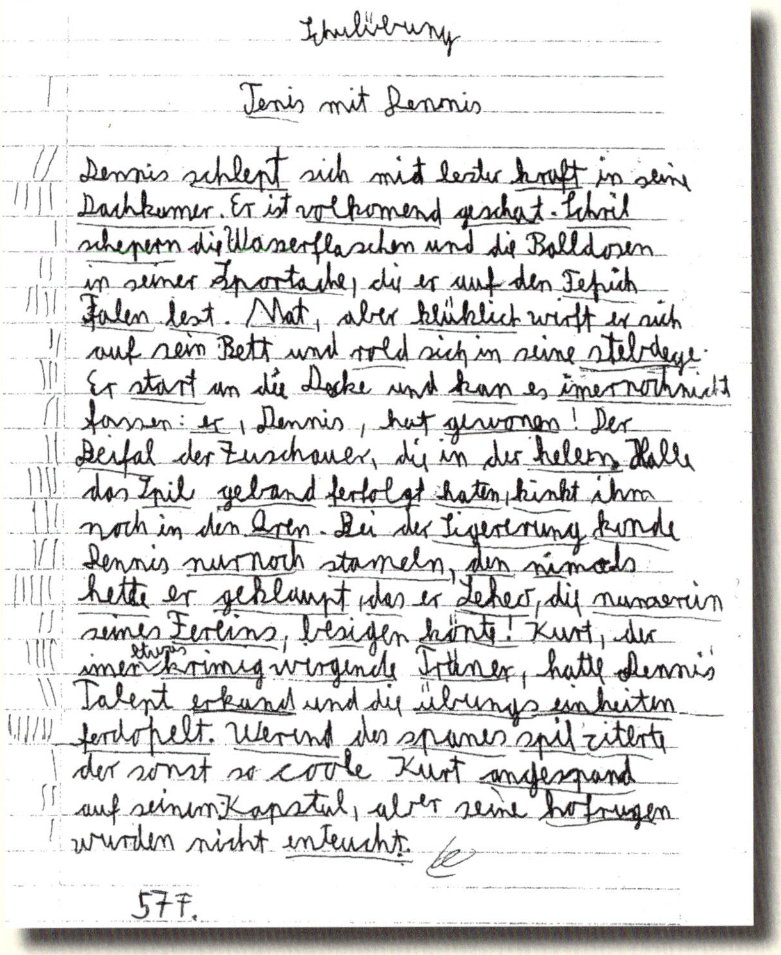

Schulübung

Tenis mit Dennis

Dennis schlept sich mit lester kraft in seine Dachkumer. Er ist volkomend geschat. Schril schepern die Waserflaschen und die Balldosen in seiner Sportache, die er auf den Tepich falen lest. Mat, aber klüklich wirft er sich auf sein Bett und rold sich in seine stepdege. Er start an die Decke und kan es imer noch nicht fassen: er, Dennis, hat gewonen! Der Beifal der Zuschauer, die in der helen Halle das Spil gebant ferfolgt haten, kinkt ihm noch in den Oren. Bei der Sigererung konde Dennis nur noch stameln, den nimals hette er geklaupt, das er Leher, die numaerein seines Ferlins, besigen könte! Kurt, der imer etwas krimig wirgende Träner, hatte Dennis Talept erkand und die übungs einheiten ferdopelt. Werend des spanes spil zitterte der sonst so coole Kurt angespand auf seinem Kapstul, aber seine hofrugen wurden nicht enteucht.

57 F.

Die Beherrschung der deutschen Sprache in Wort und Schrift ist wichtig für die Zukunft Ihres Kindes. Früher konnten Kinder, die damit Schwierigkeiten hatten, noch auf einen eher handwerklichen Beruf ausweichen. Heute sind fast an jedem Arbeitsplatz Fähigkeiten im Lesen und Schreiben gefragt. Die Nutzung des Internets ist ohne korrektes Lesen und Schreiben fast undenkbar. Werden die Grundfertigkeiten im Lesen und Rechtschreiben spätestens zum Ende der 4. Klasse nicht beherrscht, wirkt sich dies auch auf andere Fächer belastend aus. Dadurch wächst der Schulfrust. Sie sollten sich deshalb mit den Problemen Ihres Kindes nicht einfach abfinden.

Sie können und müssen selbst viel dafür tun, dass Ihr Kind seine Schwierigkeiten und Sorgen überwindet und eine bessere Deutschnote erreicht. Damit seine Leistungen nicht hinter seinen Möglichkeiten zurückbleiben, sollten Sie ihm – trotz Zeitaufwand und Kosten – außerhalb der Schule langfristig Förderunterricht ermöglichen. Das ist die effektivste Form der Hilfe.

Bedenken Sie, dass Ihr Kind in der Schule häufig erlebt, dass es Dinge nicht kann, die andere können. Der Vergleich mit den Mitschülern beeinträchtigt sein Selbstwertgefühl. Die enttäuschten und sogar vorwurfsvollen Reaktionen der Lehrer und manchmal auch der Eltern wirken belastend und entmutigend. Um sich den schwer zu bewältigenden Leistungsanforderungen zu entziehen, entwickeln Kinder oftmals auffällige Verhaltensweisen. Sie sind verschlossen, ziehen sich in sich zurück oder sie lehnen sich auf, kaspern und stören den Unterricht. Dieses Verhalten verschlimmert ihre Situation noch, denn es führt zu Ermahnungen und Einträgen. Es ist aber zumeist Ausdruck ihrer Sehnsucht nach Zuwendung und Erfolg. Deshalb braucht das Kind zu Hause viel Verständnis und Ermutigung. Geduldiges zeitlich angemessenes Üben zu Hause kann den Lernprozess unterstützen.

Was sollten Sie konkret tun?

- Besprechen Sie die Probleme zunächst mit dem Lehrer oder der Lehrerin Ihres Kindes und fragen Sie nach schulischen Fördermöglichkeiten.
- Wenn die schulischen Fördermöglichkeiten Ihnen nicht ausreichen, suchen Sie Rat bei Fachleuten außerhalb der Schule.
- Lassen Sie vor allem mit einer pädagogischen Diagnose ermitteln, was Ihr Kind schon kann, wo seine Fehlerschwerpunkte liegen und wie geholfen werden kann.
- Suchen Sie eine Therapie, in deren Mittelpunkt Lesen und Schreiben stehen. Versuchen Sie dafür das nötige Geld aufzubringen, auch wenn es Ihnen schwer fallen sollte.
- Unterstützen Sie ihr Kind durch Lob und Anerkennung für das im Förderunterricht Geleistete und – wenn sinnvoll – durch ergänzende Übungen zu Hause.

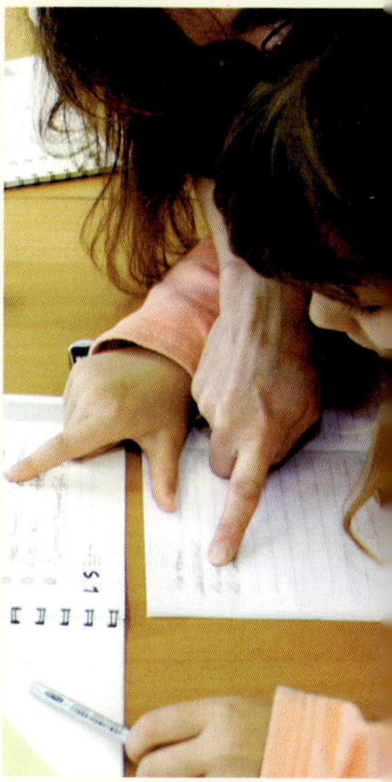

Lassen Sie mit einer pädagogischen Diagnose von Fachleuten ermitteln, was Ihr Kind schon kann und wie ihm geholfen werden kann.

Hat mein Kind „eine LRS"? Ist es krank?

Ihr Kind ist nicht krank!

Eine solche Formulierung wie „hat eine LRS" lässt aber oft den Eindruck entstehen, Lese-/Rechtschreibschwäche (LRS) hätte etwas mit Krankheit zu tun.

Unter Lese-/Rechtschreibschwäche wird heutzutage jede Form von Schwierigkeiten bei der Aneignung der Fähigkeit, Schrift lesend und schreibend richtig zu gebrauchen, verstanden. Zahlreiche Forschungsergebnisse zeigen, dass ein fließender Übergang zwischen schweren und leichteren Formen der Beeinträchtigung dieses Lernprozesses besteht. Lese-/Rechtschreibschwäche begegnet uns in einer großen Bandbreite von Erscheinungen. Einige bezeichnen dieses Phänomen auch als „Legasthenie" oder „Lese-/Rechtschreibstörung" und vertreten die Ansicht, dass dies eine krankhafte und nur schwer veränderbare Störung sei.

Dem muss energisch widersprochen werden. Die Erfahrung besagt, dass die schwere Ausprägung der Schwierigkeiten auf nur ganz wenige Kinder zutrifft.

Ihr Kind ist nicht krank oder behindert, sondern es handelt sich – wie stark die Probleme auch ausgeprägt sein mögen – bei Lese-/Rechtschreibschwäche im Wesentlichen um noch nicht vollzogene Lernschritte. Mögen die Gründe dafür auch vielfältig sein, die noch nicht genügend ausgeprägten Fertigkeiten können aber mit einer pädagogischen Therapie erfolgreich erworben werden. Es bedarf dazu nur längerer Zeit, eines dem Leistungsvermögen Ihres Kindes angepassten Unterrichts und fachkundiger Unterrichtung durch speziell dafür qualifizierte Pädagogen.

Eine solche Therapie muss natürlich bestimmten Qualitätskriterien genügen. Sie muss mehrmals in der Woche über einen längeren Zeitraum und intensiv erfolgen. Sie ist von dem Kind nicht ohne eigene Anstrengungen zu absolvieren, um wirklich hilfreich und dauerhaft von Erfolg zu sein. Sie verlangt von Ihnen geduldige Unterstützung Ihres Kindes.

Sie muss aber vor allem rechtzeitig begonnen werden.

Lese-/Rechtschreibschwäche ist keine Krankheit.
Beim Erwerb der Fertigkeiten für das Lesen und Schreiben noch nicht vollzogene Lernschritte können nachgeholt werden.

Was sollte ich besonders beobachten, wenn mein Kind Schwierigkeiten mit dem Lesen und Schreiben hat?

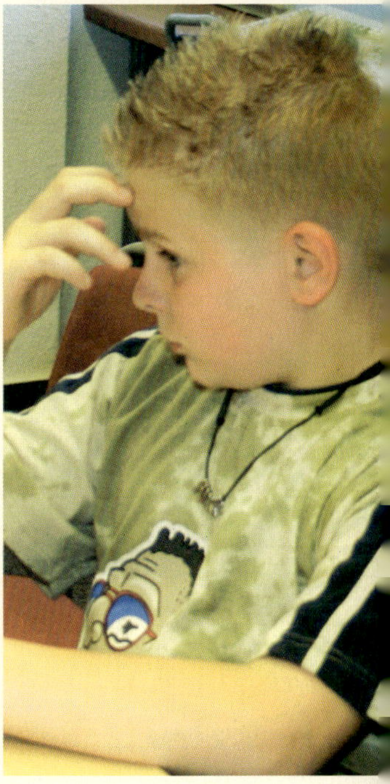

Es ist richtig, wenn Sie die Leistungsentwicklung Ihres Kindes in der Schule aufmerksam verfolgen und bei Problemen rechtzeitig reagieren, denn das erspart allen Beteiligten viel Kummer.

- Macht Ihr Kind im Diktat oder in anderen schriftlichen Arbeiten regelmäßig und andauernd viele Fehler?
- Können Sie das Geschriebene Ihres Kindes trotz der Fehler lesen? Welche besonderen Fehler fallen Ihnen auf? Schreibt es die gleichen Wörter immer auf verschiedene Weise?
- Treten solche Misserfolge nur in Deutsch oder auch in anderen Fächern auf?
- Schreibt Ihr Kind auch mal etwas von sich aus auf oder vermeidet es lieber zu schreiben?
- Geht Ihr Kind gerne zur Schule oder hat es Angst vor der Schule oder vor einzelnen Fächern? Berichtet es auch von Erfolgen in der Schule oder nur von Misserfolgen? Welche Unterrichtsfächer liebt es besonders?
- Welchen Eindruck haben Sie aus Gesprächen mit Ihrem Kind? Kann es sich richtig ausdrücken? Kann es Sachen, Vorgänge und Eigenschaften richtig benennen? Spricht es in vollständigen Sätzen? Spricht es deutlich oder stockend?
- Hat Ihr Kind Lust zu lesen? Wie liest es? Langsam, stockend, fehlerhaft? Kann es über das Gelesene auch sprechen oder die Geschichte nacherzählen?
- Bemerken Sie Konzentrationsschwäche oder Kasperei, Aggressivität oder übertriebene Aktivität?
- Ist Ihr Kind beim Üben leicht ablenkbar und schwer motivierbar? Verliert es schnell die Lust beim Schreiben oder Lesen?

Wenn die Lese- und Schreibleistungen Ihres Kindes über längere Zeit und immer wieder hinter seinen sonstigen Fähigkeiten zurückbleiben, dann sollten Sie professionelle Hilfe suchen und dort eine entsprechende Diagnose vornehmen lassen.

Diese Schwierigkeiten sind in der Regel entwicklungsbedingt. Ihrem Kind fällt es schwerer als anderen, die notwendigen Lernschritte beim Erwerb der Schriftsprache zu vollziehen. Durch eine auf die individuelle Situation zugeschnittene Förderung kann Ihrem Kind jedoch geholfen werden. Nur in Ausnahmefällen erwachsen solche Schwierigkeiten aus organischen oder psychischen Störungen.

Symptome von Lese-/Rechtschreibschwäche müssen Ausgangspunkt einer Therapie sein.

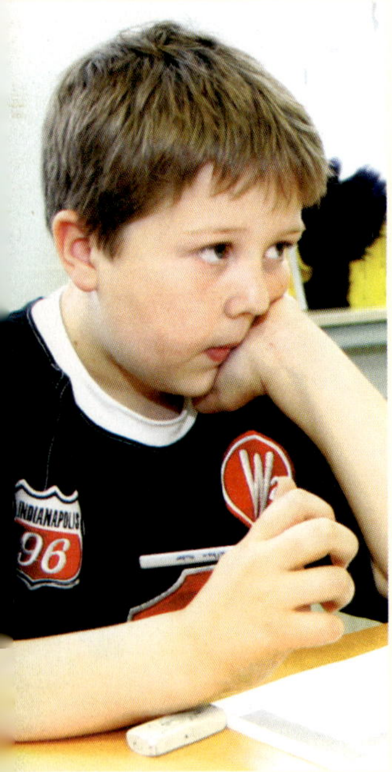

Woran liegt es, dass mein Kind solche Probleme im Lesen und Schreiben hat? Welche Ursachen gibt es dafür?

Die Ursachen der Probleme sind vielfältig und meist bleiben sie uns verborgen. Auch sind sich die Wissenschaftler darüber nicht einig. Statt lange nach den Ursachen zu suchen, ist es ratsam, sich an den Erscheinungsformen und Symptomen, nämlich an Art und Ausmaß der Schwierigkeiten zu orientieren, um möglichst rasch zielgerichtet Hilfe zu gewähren.

Unumstritten ist, dass genetische Faktoren mitverantwortlich für die Schwierigkeiten Ihres Kindes sind. Haben Sie sich schon einmal in der Familie umgesehen? Bei bis zu zwei Dritteln der betroffenen Kinder haben auch nahe Verwandte, Geschwister oder Elternteile Lese-/Rechtschreibprobleme.

Niemand trägt aber Schuld an solchen Lernproblemen, weder Sie als Eltern noch der Lehrer und schon gar nicht das Kind selbst.

Nicht ausgeschlossen ist auch, dass in der Schule der Unterricht nicht immer die individuellen Lernvoraussetzungen der einzelnen Schüler genügend berücksichtigt. Dadurch stockt und verzögert sich der Lernprozess einiger Schüler.

Die moderne Gehirnforschung hat die Erkenntnis befördert, dass durch gezieltes Üben das Gehirn ein Leben lang gut trainiert werden kann. Die Lernvoraussetzungen lassen sich durch solches Training verbessern, Rückstände können aufgeholt werden. Die Erfahrung vieler erfolgreicher Pädagogen besagt: Jedes körperlich gesunde Kind ist in der Lage – bei entsprechender Unterstützung – Lesen und Schreiben so zu lernen, dass diese Fertigkeiten den beruflichen Anforderungen genügen.

Ist Ihr Kind auf anderen Gebieten erfolgreich und fähig, pfiffige Lösungen für Alltagsprobleme zu finden, verfügt es über gute Voraussetzungen, an der Überwindung seiner Lese-/Rechtschreibschwäche selbst aktiv mitzuarbeiten. Voraussetzung dafür ist, dass ein Förderunterricht hinlänglich lange und ausdauernd durchgeführt wird. Zweimal in der Woche zwei Stunden sind dafür erforderlich.

Welche Ursachen auch immer einer Lese-/Rechtschreibschwäche zugrunde liegen mögen, wichtig ist es, Kinder mit Problemen im Lesen und Schreiben rechtzeitig zu fördern.

Muss ich mit meinem Kind zum Arzt gehen? Mir wurde empfohlen, einen Kinderpsychiater um Rat zu fragen.

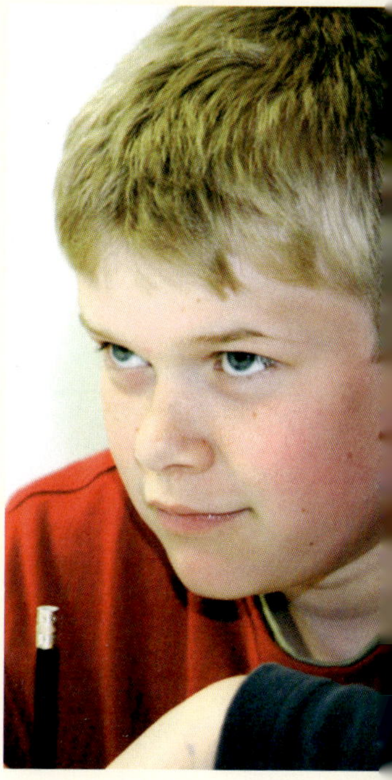

Natürlich können Sie sich Rat suchend an einen Arzt, besonders an Ihren Kinderarzt wenden. Bei hinreichendem Verdacht können Sie auch die Seh- und Hörfähigkeit ihres Kindes bei einem Augen- bzw. Ohrenarzt untersuchen lassen. Möglicherweise gibt es in dieser Richtung Beeinträchtigungen, die beseitigt werden müssen, um die Voraussetzungen für den Lernprozess des Lesens und Schreibens zu verbessern.

Die wichtigsten Partner für Ihre Sorgen sind aber Lehrer und Pädagogen in der Schule oder in außerschulischen Fördereinrichtungen. Sie sind die Fachleute für das Lesen- und Schreibenlernen. Für eine wirksame Verbesserung der Leistungen im Lesen und Schreiben kann durch sie festgestellt werden, welche Stärken und Schwächen Ihr Kind im Lesen und Schreiben hat. Man spricht dann von einer pädagogischen Diagnose.

Durch wissenschaftlich fundierte und standardisierte Tests – wie z. B. die von Dr. Peter May neu entwickelte Deutsche Schreibprobe (DSP) oder die Hamburger Schreibprobe (HSP) – kann festgestellt werden, auf welcher Stufe der Schreibentwicklung sich Ihr Kind befindet, was es schon kann, wo noch seine Fehlerschwerpunkte liegen und was es als nächstes lernen muss. Absicht jeder pädagogischen Diagnose ist es also, Art und Ausmaß der Schwierigkeiten zu erfassen, um den konkreten Förderbedarf des Kindes zu ermitteln und den individuellen Lernweg festlegen zu können.

Nur in besonderen Fällen – bei Vorliegen von ausgeprägten Aufmerksamkeitsstörungen oder anderen Entwicklungsstörungen, die zusätzlich zu den Lese- und Schreibproblemen auftreten – ist eine weitergehende Untersuchung empfehlenswert. Der Kinderarzt, ein Kinder- und Jugendpsychiater oder ein Psychologe sind dann die richtigen Fachleute, die Sie ansprechen sollten.

Fachleute für das Erlernen des Lesens und Schreibens sind nicht in erster Linie Ärzte und Kinderpsychiater, sondern Lehrer und Pädagogen!

Wie lernen Kinder eigentlich erfolgreich lesen und schreiben?

Unumstritten: Lesen- und Schreibenlernen muss dem Schriftspracherwerbsmodell folgen.

In der Zeit vor Schulbeginn erlernen die meisten Kinder das Sprechen nahezu problemlos. Sie erkennen in ihrer Umwelt sprachliche Zeichen, lassen sich etwas vorlesen und wollen irgendwann gar ihren Namen schreiben. Durch gemeinsames Sprechen und Singen bekommen sie nach und nach auch ein Gefühl für Rhythmus und Melodie der Sprache, erweitern ständig ihren Wortschatz und werden neugierig darauf, auch lesen und schreiben zu können. Die mündliche Form der Sprache lernen Kinder quasi von allein in ihrer sprachlichen Umgebung. Allmählich und schrittweise erfassen sie Zusammenhänge zwischen gesprochener und geschriebener Sprache. Die Kinder, die deutlich sprechen, das gesprochene Wort in Silben und Laute gliedern können, verfügen deshalb über günstigere Voraussetzungen, auch das Lesen und Schreiben gut zu meistern. Die Schrift lesend und schreibend zu gebrauchen, erlernen die Kinder jedoch nicht von allein, dies bedarf der Unterweisung, muss unter Anleitung gelernt werden.

Nach übereinstimmender Auffassung vieler Wissenschaftler und Pädagogen lernen Kinder das Lesen und Schreiben in aufeinander folgenden Stufen. Mitte der 80er-Jahre wurde dazu ein so genanntes **Schriftspracherwerbsmodell** erarbeitet. Es geht davon aus, dass auf dem Weg zur richtigen Beherrschung des Lesens und Schreibens bestimmte Stufen durchlaufen und entsprechende Lernschritte absolviert werden müssen. Einzelne Kinder verharren auf einer Stufe länger, andere kommen schneller voran. Alle Kinder sind jedoch – unter Umständen mit zusätzlicher pädagogischer Förderung – in der Lage, sich nach und nach richtige Zugriffsweisen für die Schreibung der Wörter anzueignen und bislang nicht oder nicht vollständig vollzogene Lernschritte nachzuvollziehen. Beim Durchlaufen der Stufen der Lese- und Schreibentwicklung eignen sich die Kinder entsprechende Rechtschreibstrategien an.

Zu ihnen gehören:

- Die **logographemische Strategie**: Kinder können zunächst und zuerst so genannte Logographeme („Buchstabenbilder") lesen und selbst „kritzeln".
- Die **alphabetische Strategie**: Die Kinder sind in der Lage, aus den gehörten Lauten Buchstaben

oder Buchstabenverbindungen zu schreiben. Diese mögen zwar nicht immer orthographisch richtig sein, doch lässt das Geschriebene erkennen, ob der Laut gehört und eine dementsprechende schriftliche Umsetzung gewählt wurde. Sie lernen, dass z. B. beim Wort „Nase" für jeden Laut, den man spricht und hört, ein Buchstabe geschrieben werden muss.

- Die **orthographische Strategie**: Die Kinder haben gelernt, dass allein das Schreiben nach dem Gehörten nicht ausreicht, sondern dass viele Schreibungen Regeln folgen, die auch auf andere Fälle angewandt werden können. Sie erfahren etwas von orthographischen Merk- und Regelelemente, z. B. lernen sie das Dehnungs-h („nehmen") kennen oder erfahren, dass nach einem kurz gesprochenen Vokal ein Konsonant verdoppelt wird, z. B. bei Wetter, Sonne, Himmel.
- Die **morphematische Strategie**: Die Kinder erkennen, dass die Wörter miteinander verwandt sein können, sich Typisches in vielen wiederholt. Sie können die Wörter vom Wortstamm ableiten, wie z. B. Verkäuferin von kaufen, oder sie zerlegen komplexe Wörter in Wortteile wie z. B. Fahrrad und schreiben es mit zwei r, weil sie es als zusammengesetztes Wort erkennen. Wer diese Strategie beherrscht, leitet die Schreibung aus der Kenntnis der Verwandtschaft der Wörter ab.
- Die **wortübergreifende Strategie**: Zunehmend erfassen sie beim Schreiben von Sätzen und Texten weitere sprachliche Aspekte, so die Bestimmung der Wortarten, die für die Groß- und Kleinschreibung entscheidend sind. Sie lernen, dass es oft von der Stellung des Wortes im Satz abhängt, wie geschrieben werden muss. Sehr oft ist zum Beispiel die Groß- oder Kleinschreibung davon abhängig. Zur wortübergreifenden Strategie gehört auch das Setzen der Satzzeichen Punkt, Komma, Anführungszeichen usw..

Eine Förderung ist dann erfolgreich, wenn sie Kindern hilft, diese Strategien zu erwerben oder zu festigen.

Rechtschreibstrategien sind verschiedene Zugriffsweisen auf die richtige Schreibung der Wörter.

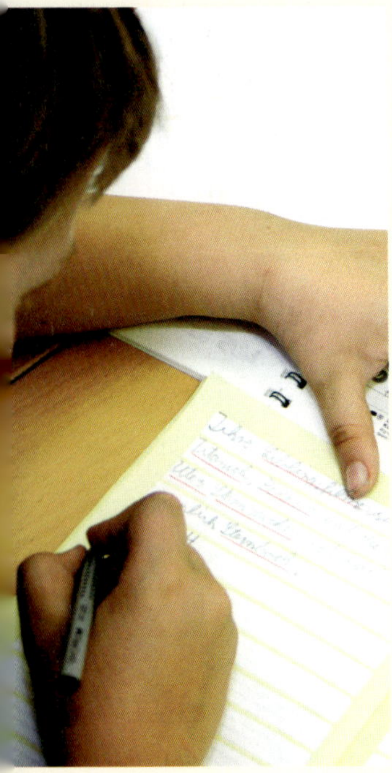

In einem Eltern-Ratgeber habe ich gelesen, dass viele verschiedene Tests durchgeführt werden müssen, um festzustellen, ob mein Kind eine LRS hat. Muss das sein?

Das Wichtigste ist: Man muss wissen, was ein Kind schon kann und wo man ansetzen muss, um ihm zu helfen. Eine pädagogische Diagnose mit einem standardisierten Lese-/Rechtschreibtest ist dafür sehr sinnvoll und zumeist auch ausreichend.

Manchmal werden solche Tests in der Schule jedoch nur deshalb durchgeführt, um festzustellen, ob das Kind berechtigt ist, an bestimmten Fördermaßnahmen teilzunehmen, weil dafür ein festgelegter Prozentrang als Maßstab gilt.

Jedes Kind mit Schwierigkeiten im Lesen und Schreiben sollte aber das Recht haben, an einer Förderung teilzunehmen, sowohl in der Schule als auch außerhalb. Werden formale Grenzen fixiert, kann es leicht passieren, dass ein Kind mit Lese- und Schreibproblemen von einer Förderung ausgeschlossen wird.

„Eine LRS haben" suggeriert, dass es sich um eine Krankheit handeln könnte. Da es aber keine Krankheit ist, kann es nicht darauf ankommen, eine solche Art der Diagnose zu treffen, sondern es muss darum gehen, den Förderbedarf zu ermitteln.

Nur in wenigen Fällen werden zusätzliche Tests und Untersuchungen durch Spezialisten aus anderen Fachgebieten erforderlich. Aber auch nur deshalb, um unter Umständen Maßnahmen einzuleiten, die die Lernvoraussetzungen verbessern helfen.

Bei manchen Diagnoseempfehlungen kann einem angst und bange werden. Da sollen zusätzlich zu Lese- und Rechtschreibtests noch alle möglichen körperlichen und geistigen Funktionen getestet werden, da werden Intelligenztests verordnet, Basiskompetenzen aufwändig getestet, gar neurologische Untersuchungen vorgenommen und die Hirnströme mittels EEG gemessen. Ein Seh- und Hörtest mag bei hinreichendem Verdacht ja noch angehen, aber alle anderen Untersuchungen sind in der Regel nicht erforderlich. Ihr Kind hat schon genug Probleme in der Schule, es benötigt nicht auch noch zusätzliche bei Ärzten.

Man muss nur so viel wie nötig und nicht so viel wie möglich testen.

Nicht so viel wie möglich, sondern nur so viel wie nötig testen.

Mein Kind hat Angst vor einem Test. Es fürchtet zu versagen.

Viele Kinder erwarten, dass etwas Unangenehmes bevorsteht. Sie haben ja bisher keine guten Erfahrungen mit der Rechtschreibung und mit der Notengebung in der Schule gemacht. Doch bei einem pädagogischen Rechtschreibtest gibt es keine Zensuren, sondern es wird ermittelt, was das Kind schon kann. Raten Sie Ihrem Kind, es doch einfach mal zu versuchen, um zu ermitteln, was es schon beherrscht! Gehen Sie deshalb zum Beispiel ohne Scheu zu einem der von den LOS angebotenen Testtage und lassen Sie die Rechtschreibleistungen überprüfen!

Sie können mit der Deutschen Schreibprobe (DSP) demnächst einen solchen Test ohne Angst und Druck im Internet absolvieren. Dieses moderne diagnostische Verfahren umfasst wenige Einzelwörter und Sätze. Die Bedeutung der Wörter und Sätze wird durch lustige Zeichnungen veranschaulicht. Das Kind kann dadurch die Bedeutung der Wörter und Sätze leichter erfassen und seine mögliche Beklemmung abbauen. Es darf in seinem individuellen Tempo – also ohne Zeitdruck – schreiben. Die Wörter und Sätze können mehrmals angehört werden. Bei der Auswertung stehen nicht die Fehler im Mittelpunkt der Betrachtung, sondern welche Teile von Wörtern schon richtig geschrieben wurden. Die DSP ermittelt wie auch die Hamburger Schreibprobe (HSP), mit welchen Überlegungen ihr Kind an das Schreiben herangeht. Die Fachleute nennen dies Strategien.

Eine gründliche Analyse der erfassten Werte ermöglicht es,

- die Rechtschreibleistungen Ihres Kindes mit denen Gleichaltriger bundesweit zu vergleichen und einzuordnen,
- die Rechtschreibschwierigkeiten Ihres Kindes differenziert zu beurteilen und daraus den Weg der individuellen Förderung abzuleiten,
- die individuellen Lernfortschritte Ihres Kindes zu verfolgen, was durch Schulnoten so detailliert nicht möglich ist.

Die Pädagogen im LOS geben Ihnen gerne Auskunft darüber, was auf der Grundlage des Testergebnisses zu tun ist. Sie können deshalb mit dem im Internet ausgedruckten Testergebnis dorthin

Ein pädagogischer Test ermittelt, was ein Kind schon beherrscht und was es als Nächstes lernen kann.

Wie ermittelt eine pädagogische Diagnose die Rechtschreibleistungen?

Beispiel aus der Deutschen Schreibprobe (DSP)

Die pädagogische Diagnose untersucht, welche Grapheme bereits richtig geschrieben werden, um Ansatzpunkte für eine erfolgreiche Förderung zu ermitteln.

Oberstes Prinzip ist: Es wird ermittelt, welche Rechtschreibfertigkeiten ein Kind schon erworben hat, in welcher Weise es sich der Norm der richtigen Schreibung nähert. Verdeutlichen wir das an einem Beispiel.

Nehmen wir das folgende Wort:

Fahrradschloss

Es enthält viele rechtschreibliche Klippen: Die Großschreibung am Anfang, ein **langes a** (markiert mit h), **zwei r**, die aus der Zusammensetzung des Wortes resultieren, ein **d**, das aber eigentlich als t gesprochen wird (Auslautverhärtung), das **sch** und das **Doppel-s** am Ende nach einem kurzen Vokal, das früher als **ß** geschrieben wurde. Bewältigt das Kind nur eine Schreibhürde nicht, ist das ganze Wort falsch geschrieben.

Die Deutsche Schreibprobe (DSP) und die Hamburger Schreibprobe (HSP) prüfen nicht bloß, ob das Wort richtig oder falsch geschrieben wurde, sondern jedes einzelne Graphem (Buchstaben oder Buchstabenkombinationen, die für einen gesprochenen Laut stehen).

F ah r r a d sch l o ss

Ein Kind schreibt zum Beispiel:

Fahradschloss

Dann hat es 9 von 10 Graphemen richtig geschrieben und nur 1 Graphem falsch. Es hat noch nicht erkannt, dass sich das Wort aus fahr(en) und Rad sowie Schloss zusammensetzt. Es wendet die morphematische Strategie noch unvollkommen an.

Ein anderes Kind schreibt:

fahratschlos

Sie können das Wort einwandfrei lesen, es wurde lautgerecht geschrieben. 5 Grapheme sind richtig, 4 Grapheme falsch:

Die **Großschreibung** (Substantiv) wurde nicht erkannt, ebenfalls die **Zusammensetzung des Wortes** nicht. Die anderen Grapheme wurden geschrieben, wie sie das Kind gehört hat. Die dafür **gültigen Regeln** wurden nicht erkannt und angewandt: **d statt t, Verdopplung des Konsonanten nach kurzem Vokal**. Die **orthographische Strategie** ist noch ungenügend entwickelt.

Aus einer solchen Analyse des Geschriebenen lässt sich erkennen, wo in der Förderung angesetzt werden muss. Bei einem Folgetest werden dann vielleicht schon weitere Grapheme richtig geschrieben. Das macht Mut, weil die Förderung mit kleinen Schritten hilft, Erfolge zu organisieren.

Kann man auch die Leseleistung testen?

Ja!
Vielleicht haben Sie beobachtet, dass Ihr Kind beim Lesen Ratestrategien entwickelt hat oder Lesetexte auswendig kann, weil es mit den steigenden Leseanforderungen in der Schule nicht mehr mitkommt? Wahrscheinlich liest Ihr Kind langsamer als andere Kinder in der Klasse und dabei geht ihm der Sinn verloren.

Fragen Sie sich:

- Hat es vor dem Vorlesen in der Klasse Angst?
- Fühlt sich Ihr Kind überfordert, ermüdet es schnell, ist es leicht ablenkbar?
- Welche Buchstaben kennt das Kind?
- Versteht das Kind, ob das vorgelesene Wort richtig oder falsch ist?
- Erfasst es den Sinn des gelesenen Wortes?
- Wie schnell geht das alles?

Leider gibt es nur wenige standardisierte Tests, die sowohl die Lesegeschwindigkeit als auch das Leseverständnis überprüfen. Die Hamburger Leseprobe (HLP) von Dr. Peter May analysiert die aktuelle Leseleistung Ihres Kindes mittels Tonbandaufnahmen und beurteilt den Förderbedarf durch Vergleichswerte für verschiedene Zeitpunkte. Fördermaßnahmen können darauf abgestimmt werden.

Die HLP testet mit Texten, deren Inhalt und Wortschatz den Erfahrungen der Kinder entsprechen. Sie werden deshalb von den Kindern mit Interesse gelesen und inhaltlich als gehaltvoll verstanden. Obwohl sie hinsichtlich Umfang, Schwierigkeitsgrad und Komplexität für Vergleichszwecke konzipiert und bearbeitet wurden, wirken die Texte nicht gekünstelt oder abgehoben.

Die HLP enthält neben Texten, die die Fähigkeit der Kinder zum Verstehen einer Geschichte erfassen, auch Listen von Einzelwörtern, die es erlauben, die Strategien der Kinder zum Entschlüsseln von Wörtern ohne Einbettung in einen Kontext zu beobachten. Die Wörterlisten enthalten nur Nomen, die den Kindern von der Bedeutung her vertraut sind. Sie vermeiden seltene Wörter und optisch ähnliche Wortstrukturen, die häufig auch bessere Leser zu Fehlern provozieren.

Lassen Sie auch die Leseleistung rechtzeitig überprüfen!

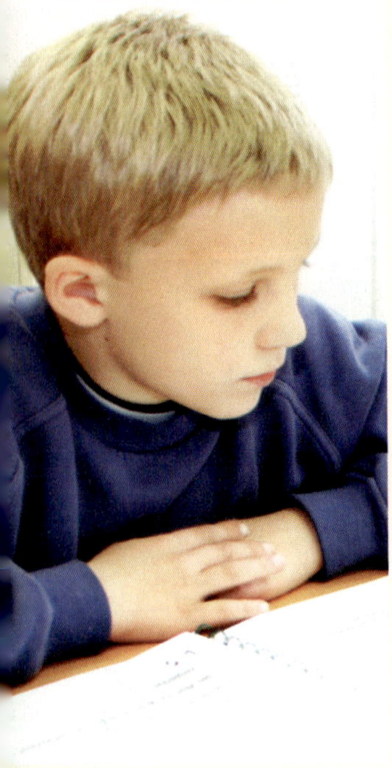

Warum schafft es die Schule nicht, allen Kindern das Lesen und Schreiben korrekt beizubringen?

Eine außerschulische pädagogische Therapie ergänzt die Bemühungen der Schule, allen Kindern das Lesen und Schreiben beizubringen.

Kinder haben unterschiedliche Lernvoraussetzungen. Sie bewältigen daher die schwierigen Prozesse des Lesen- und Schreibenlernens sehr unterschiedlich. Während es erstaunlich vielen Kindern wenig Mühe bereitet, quälen sich andere von Beginn an. Trotz gutem Unterricht in der Schule und intensiver Bemühungen der Eltern gibt es immer wieder Kinder, denen der Lernerfolg versagt bleibt. Sie können dem vorgegebenen Lerntempo in der Schule einfach nicht folgen und geraten zunehmend in Rückstand. Die daraus resultierenden Schwierigkeiten können unterschiedlich stark ausgeprägt sein und so die schulische Entwicklung erheblich beeinträchtigen. Aus diesem Grund ist rechtzeitig zielgerichtete Hilfe nötig.

Natürlich ist es in erster Linie die Aufgabe der Schule, diesen Kindern zu helfen. Doch der Bedarf an spezieller Förderung ist größer als die Möglichkeiten, die die Schule personell und materiell hat. Bedenken Sie auch: In einem Klassenverband sind sehr unterschiedliche Kinder. Auch den besten und engagiertesten Lehrern ist es nicht immer möglich, Kindern mit erhöhtem Förderbedarf wirklich individuell gerecht zu werden.
Eine Wochenstunde Förderung ist zudem nicht ausreichend. Darüber hinaus brauchen viele Lehrer ein breiteres Wissen über die Früherkennung der Kinder, die Probleme haben und ein erweitertes Repertoire, um diese Kinder im schulischen Alltag differenziert und individuell zu fördern. Noch gelingt es vielen Lehrern nicht immer, die Vermittlung des Lernstoffes den unterschiedlichen Lernvoraussetzungen der Kinder anzupassen. Werden die Kinder überfordert, bleiben Lernerfolge aus.

Wenn also die schulischen Fördermöglichkeiten nicht ausreichen, ist eine außerschulische Therapie notwendig. Eine pädagogische Therapie außerhalb der Schule ersetzt nicht die elementare Vermittlung der schriftsprachlichen Fertigkeiten durch schulischen Unterricht. Sie setzt die Bemühungen der Schule dort fort und ergänzt diese an der Stelle, wo aufgrund individueller Voraussetzungen und/oder institutioneller Bedingungen der Lernerfolg gefährdet oder das Erreichen persönlich bedeutsamer Lernziele nicht ohne erhebliche Schwierigkeiten möglich ist.

In der Schule riet man mir abzuwarten, der „Knoten werde schon noch platzen" – ist das richtig?

Häufig versuchen Lehrer besorgte Eltern mit den Worten zu beruhigen: „Das wird schon noch. Das Kind muss nur mehr üben." Viele Eltern hoffen dann von Schuljahr zu Schuljahr, dass sich die Leistungen ihres Kindes verbessern, dass sich die Probleme „auswachsen".

Sicher gibt es Schüler mit leichten Lernrückständen im Lesen und Schreiben, bei denen sich mit der Zeit die Leistungen in der Schule verbessern. Doch darauf sollten Sie sich nicht verlassen, denn für die überwiegende Zahl der Schüler bedeutet das Abwarten eine ständige Zunahme der Probleme. Dabei wird wertvolle Zeit verschenkt, in der eine wirksame Hilfe bereits möglich gewesen wäre.

Werden die Probleme nicht rechtzeitig erkannt und wird das entsprechende Kind nicht gezielt und kompetent gefördert, kann die schulische Laufbahn und damit die berufliche Karriere gefährdet sein. Denn neben schlechten Zensuren in Deutsch bewirken die Schwierigkeiten beim Lesen und Schreiben auch schlechtere Leistungen in anderen Fächern, besonders in den Fremdsprachen, aber auch in Mathematik, wenn das Kind beim Lesen der Textaufgaben wertvolle Zeit verliert. Die gehäuften Misserfolge beeinträchtigen das Selbstvertrauen und die Lust zum Lernen. Es gerät in einen Teufelskreis, in dem es noch schwerer zu motivieren ist.

Fachleute raten daher: „Je früher und je intensiver Kinder Hilfe erhalten, desto besser, desto mehr Kummer bleibt allen Beteiligten erspart." Fragen Sie in der Schule nach Möglichkeiten, Ihrem Kind individuell besser zu helfen. Einige Schulen bieten entsprechenden Förderunterricht an. Haben Sie jedoch das Gefühl, dass solch ein Förderunterricht zu wenig bringt, schauen Sie sich in Ihrer Umgebung um und suchen Sie nach einer außerschulischen Therapie. Oft kann nur eine solche außerschulische individuelle Förderung die speziellen Probleme nachhaltig beheben.

Warten Sie nicht zu lange damit.

Je eher und je intensiver Kinder Hilfe erhalten, desto besser!

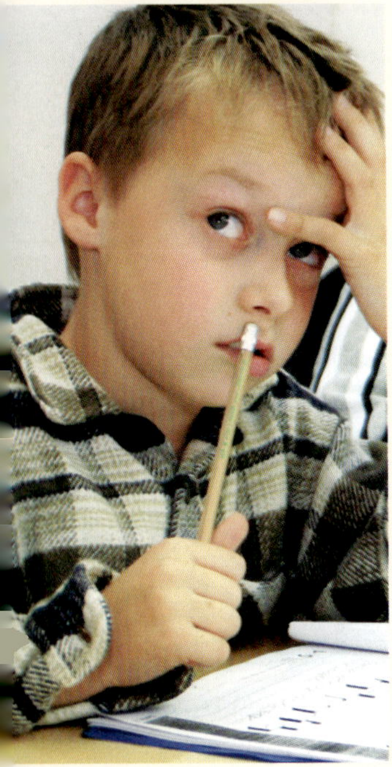

Unser Sohn ist im Deutschunterricht von der Benotung befreit. Er ist erleichtert, denkt aber, er braucht nicht mehr zu üben. Das Üben mit ihm ist eine Qual.

Notenbefreiung erlöst nicht von der Notwendigkeit, Defizite im Lesen und Schreiben durch angestrengtes Lernen abzubauen, um die Schriftsprache kompetent gebrauchen zu können.

Der so genannte Notenschutz ist eine Maßnahme, die Ihrem Kind nur wirklich helfen kann, wenn zielgerichtet mit einer Förderung an der Überwindung der Probleme gearbeitet wird. Er ist jedoch ein zweischneidiges Schwert. Einerseits verschafft diese Notenbefreiung Ihrem Kind und auch Ihnen seelische Entlastung und emotionale Entspannung, denn durch ständige Misserfolge sind Sie beide nicht selten entmutigt und leiden daran. Sie haben täglich gemeinsam geübt und immer wieder nur enttäuschte Hoffnungen erlebt. Die Fehler nahmen eher zu statt ab. Andererseits kann Notenschutz aber auch negative Konsequenzen haben. Sie deuten es in Ihrer Frage selbst an. Er birgt die Gefahr in sich, dass wertvolle Zeit verstreicht, ohne dass ernsthafte Anstrengungen unternommen werden, um die Defizite im Lesen und Schreiben abzubauen.

Hinzu kommt, dass gerade Kinder mit großen Defiziten durch diese Entlastung für das notwendige zusätzliche Üben sehr schwer motivierbar werden. Warum soll ich üben, ich bekomme doch sowieso keine Zensur? Hier hilft nur Einfühlungsvermögen und Konsequenz von Eltern und Pädagogen, damit die zeitweilige Entlastung nicht zur lebenslangen Belastung wird.

Es ist deshalb dringend notwendig, alle Anstrengungen – auch finanzielle – zu unternehmen, um so schnell wie möglich eine wirksame pädagogisch orientierte Förderung einzuleiten.

Den mühevollen Prozess des Lese-/Rechtschreiblernens können Sie Ihrem Kind nicht ersparen. Im Gegenteil, es braucht rechtzeitig und anhaltend mehr Übung und Unterweisung als andere Kinder, um persönliche Erfolge zu erzielen und entsprechende Ausbildungschancen zu haben.

Mein Kind kann sich nicht konzentrieren. Es macht lauter Schusselfehler. Im Diktat nehmen die Fehler zum Ende hin deutlich zu. Was kann ich tun?

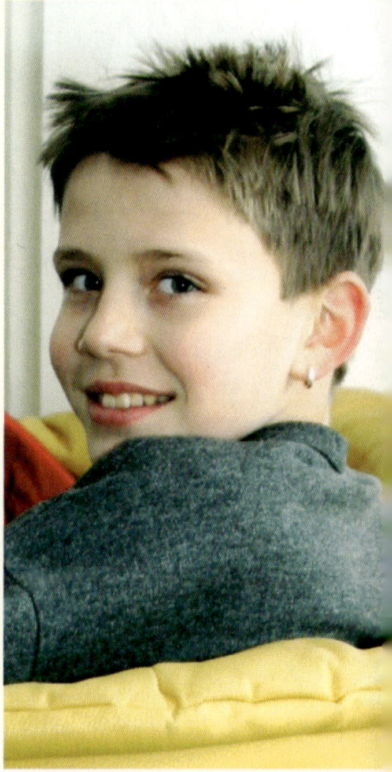

Beobachten Sie Ihr Kind. Kann es sich konzentrieren, wenn es Dinge tut, die ihm Spaß machen?

Sicher. Häufig leiden die Kinder nicht unter einer Konzentrationsschwäche, sondern die Konzentration lässt verständlicherweise nur schneller nach bei Dingen, die dem Kind schwer fallen, wie z. B. das Lesen oder richtige Schreiben. Wenn Sie also meinen, Ihr Kind kann sich nicht richtig konzentrieren, so sind das oft Folgeerscheinungen. Anders als Gleichaltrige hat Ihr Kind für die richtige Schreibweise von Wörtern noch keine erfolgreichen Rechtschreibstrategien entwickeln können. Noch sind Lesen und Schreiben für Ihr Kind mit großer Anstrengung verbunden. Sie verlangen viel Konzentration. Oft schreibt es die schweren Wörter richtig – es kann sich also konzentrieren – und bei den leichten Wörtern passieren die Schusselfehler und am Ende eines Diktats oder Aufsatzes häufen sich die Fehler noch. Konzentrationsschwäche ist nicht die Ursache für Lese-/Rechtschreibschwäche, sondern meist Folgeerscheinung. Da das richtige Lesen und Schreiben noch nicht automatisiert ist, sondern anstrengt, lenkt sich das Kind gern ab bzw. lässt sich leicht ablenken. Das ist eine Abwehrreaktion. Die Ablenkung wirkt wie eine Konzentrationsschwäche – eine Art Wechselwirkung.

Dennoch sind Konzentrationsübungen, die sich an der Schriftsprache orientieren, als unterstützende Mittel sinnvoll, damit Ihr Kind die nötigen Anstrengungen bei schwierigen Lernprozessen länger durchhält.

Konzentrationsprobleme sind oft nicht Ursache, sondern Folge mangelnder Lernergebnisse im Lesen und Schreiben, weil das Lesen- und Schreibenlernen mit großen Anstrengungen verbunden ist.

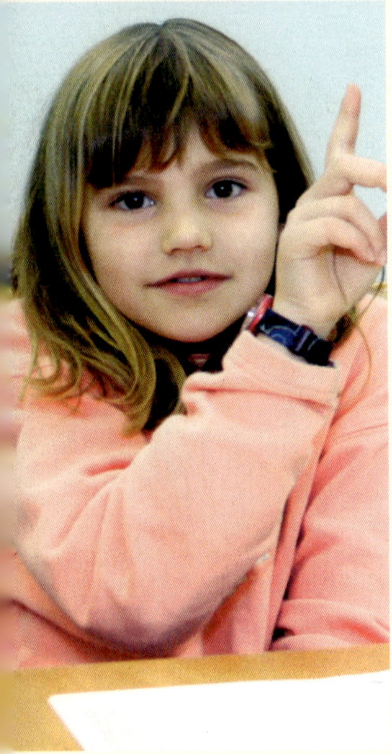

Welches Förderangebot ist das richtige für mein Kind? Welches sollte ich meiden?

Lesen und Schreiben lernen Kinder durch Lesen und Schreiben. Das erfordert Anstrengungen. Es gibt keine Zaubermittel, Lesen und Schreiben zu erlernen.

Die Vielzahl unterschiedlicher Hilfsangebote, die in der Öffentlichkeit präsentiert werden, können auf Sie als Eltern oft verwirrend wirken. Besondere Vorsicht ist bei allen Förderprogrammen geboten, die eine allzu schnelle Hilfe versprechen. Besonders häufig werden – unterstützt von den Medien – verschiedene Verfahren als wahre Zaubermittel propagiert, die das anstrengende Lernen und ein spezielles, lerntheoretisch begründetes Lese- und Rechtschreibtraining überflüssig machen sollen. Da werden z. B. ergotherapeutisches Training, Trainieren der Blicksprünge, Kinästhetik, Trainieren der Ordnungsschwelle beim Hören und anderes empfohlen. Angepriesen werden auch technische Geräte wie der BrainBoy, spezielle Computerprogramme, die Wahrnehmungsfähigkeiten trainieren, oder gar Medikamente. Das alles sind Pseudohilfen.

Auch eine Förderung im Bereich der Wahrnehmung, des Sehens und Hörens oder der Motorik als alleinige Fördermaßnahme ist nicht hinreichend effizient. Sie beseitigt bestenfalls Hindernisse. Auch wenn ein Kind besser hören oder sehen kann, kann es noch nicht richtig schreiben, sondern hat nur bessere Voraussetzung für das Lernen. Das Lernen selbst bleibt ihm nicht erspart, denn Kinder mit Lese-/Rechtschreibproblemen haben wichtige Lernschritte noch nicht oder nur zögerlich vollzogen. Es gibt keinen Weg, die Leistungen im Lesen und Schreiben zu verbessern, der weniger anstrengend ist als das Lernen der einzelnen Rechtschreibstrategien.

Bei der Suche nach einer qualifizierten außerschulischen Therapie sollten Sie deshalb auf wichtige Qualitätskriterien achten:

- Empfehlenswert ist es eine Therapie zu wählen, die an den Symptomen der Lese-/Rechtschreibschwäche ansetzt und Lesen und Schreiben in den Mittelpunkt stellt.
- Lesen und Schreiben lernt Ihr Kind durch Lesen und Schreiben. Allerdings nicht durch stur wiederholendes Üben, sondern durch gezielte Übungen entsprechend des Leistungsstandes Ihres Kindes und seiner Leistungsbereitschaft.
- Grundlage der Therapie muss eine pädagogische Diagnose sein, die auf Testergebnissen, Beobachtung und Befragung basiert, um den Leistungsstand und die Leistungsbereitschaft Ihres Kindes zu kennen und den individuellen Lernweg exakt festlegen zu können.

- In der Therapie sollte mit erprobten Methoden und Lehrmaterialien gearbeitet werden.
- Speziell für die Therapie von Lese-/Rechtschreibschwäche ausgebildete Pädagogen müssen Ihrem Kind durch ihren Förderunterricht und entsprechende Hilfestellungen Erfolge im Lesen und Schreiben ermöglichen und bewusst machen. Damit fördern sie die Lernmotivation und tragen zur Stabilisierung der Persönlichkeit Ihres Kindes bei.

Prof. Dr. Waldemar von Suchodoletz von der Ludwig-Maximilians-Universität München hat so genannte alternative Therapien vorbehaltlos untersucht. Sein Fazit: Insgesamt hat sich gezeigt, dass dauerhafte Verbesserungen der Lese- bzw. Rechtschreibleistungen nur durch solche Übungen zu erwarten sind, die direkt am Lese- und Schreibprozess bzw. dessen Vorläuferfähigkeiten ansetzen. Alternative Behandlungen sind bislang den Beleg einer spezifischen Wirksamkeit auf die Fähigkeit zum Erlernen des Lesens und Schreibens schuldig geblieben.

Also: Ohne Mühe geht es eben nicht!

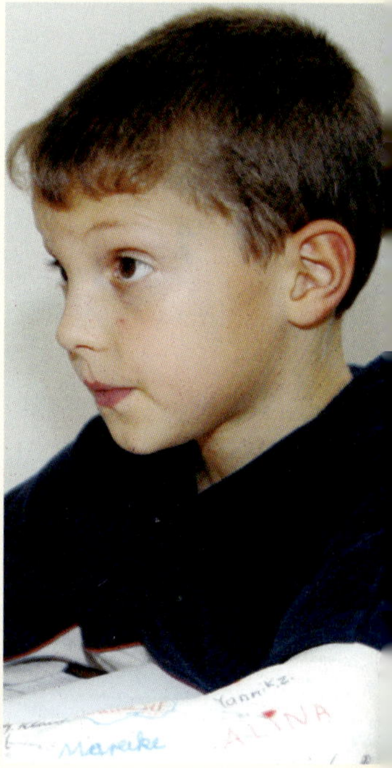

Therapien, die die Leistungen im Lesen und Schreiben verbessern helfen:

Trainingsprogramm von Kossow (1979/1991)
Sprachsystematisches Training von Reuther-Liehr (2004)
Marburger Rechtschreibtraining von Schulte-Körne (2001)
Trainingsprogramm phonologischer Bewusstheit (Küspert/Schneider 2001)
Pädagogische Therapie der LOS (Studie 2006)

Alternative Therapien, die keinen Effekt für das Lesen und Schreiben haben:

Training der auditiven Wahrnehmung, Training des Richtungshörens, Hochtontraining, Klangtherapie, Therapie nach Tomatis, Schalltherapie, Ordnungsschwellentraining mit BrainBoy, Ergotherapie
Training des dynamischen Sehens, Farbfolien und farbige Brillengläser, Training der Blicksteuerung, Rasterbrille, Training des beidäugigen Sehens, Prismenbrillle
Training der Händigkeit, Training der Ohrdominanz, Hemisphärenspezifisches Training, Edu-Kinestetik, Lateraltraining
Psychomotorisches Training, Kybernetische Methode, Taktil-kinästhetische Methode
Cranio-Sacral-Therapie, Spiraldynamik, Neuro-Feedback, Davis-Methode, Neurolinguistisches Programmieren
Medikamente, Homöopathie, Bachblüten

Lesen- und Schreibenlernen erfordern Anstrengungen des Kindes beim Lernen, viel Zeit und Geduld der Eltern sowie Sachverstand und Einfühlungsvermögen der Pädagogen.

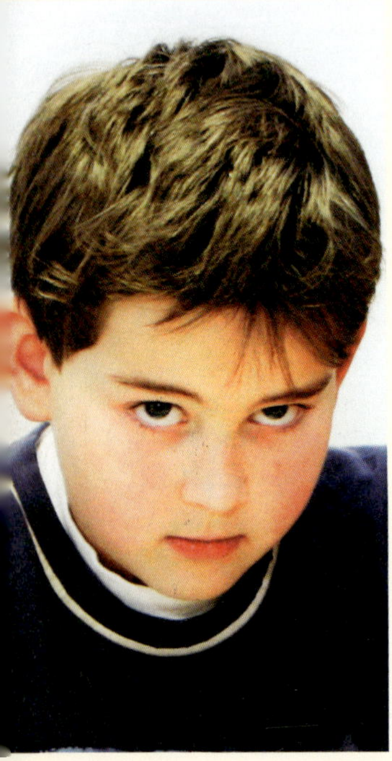

Pädagogische Therapie oder Nachhilfe – was ist hilfreicher?

Nachhilfe arbeitet den Schulstoff nach und ist eine kurzfristige Hilfe, pädagogische Therapie setzt an den Wurzeln an und hilft dauerhaft.

Diese Frage hat Prof. Dr. Kurt Meiers im WORTSPIEGEL 01/02/2005 ausführlich beantwortet. Seiner Meinung nach ist der Sinn der Nachhilfe, Ihrem Kind noch einmal zu erklären, was es im Unterricht nicht verstanden hat oder was es durch versäumten Unterricht nicht gelernt hat. Die Wiederholung des aktuellen Lernstoffs des Unterrichts oder das Aufgreifen von Einzelregeln und deren Training unterstützt natürlich das schulische Lernen. Nachhilfe steht somit immer in engstem Zusammenhang mit den Inhalten des jeweiligen Unterrichts (Deutsch, Mathematik usw.) in der Schule, verläuft quasi parallel zum Unterricht bzw. schließt sich immer unmittelbar an ihn an, ist dem schulisch vorgegebenen Lerntempo verhaftet und so dem Druck der nächsten Klassenarbeit ausgesetzt, ist wie der Unterricht letztlich am Lehrplan der Schule orientiert. Lese-/rechtschreibschwachen Schülern bringt diese enge Anbindung an den schulischen Lernstoff nicht den erhofften Erfolg.

Prof. Dr. Meiers schreibt: „Im Zentrum einer Förderung steht die Behebung von personenbedingten, grundlegenden Lern- und Leistungsrückständen. Ziel der Förderung ist die Befähigung der Schüler und Schülerinnen zum zukünftig selbstständigen Bewältigen der zu lernenden Inhalte."

So ist eine pädagogische Therapie langfristig angelegt und zielt auf dauerhafte Verbesserungen.

Ein erfolgreicher Förderunterricht

- ist darum ein kontinuierlich vollzogener Diagnose- und Therapieprozess,
- orientiert sich an der individuellen Lernausgangslage der zu Fördernden und nicht primär an den augenblicklich anstehenden Aufgabenstellungen der Schule, ein individueller Förderplan ist ein wichtiges Mittel der Förderung,
- erfolgt in einem entspannten Lernklima, das nicht durch Klassenarbeiten, Notengebung, Versetzungsgefährdung beeinflusst ist,
- ist auf die ganze Person des Schülers und der Schülerin sowie auf die Verbesserung ihres Selbstbildes ausgerichtet,
- berücksichtigt das geringere Lerntempo durch eine entsprechende „Langsamkeitstoleranz" und durch quantitativ und qualitativ intensivere Übungsphasen,
- erfolgt in Lerngruppen, die im Hinblick auf den Förderbereich weitestgehend homogen sind.

Wenn Sie vor der Frage stehen, wo Ihrem Kind eine wirksame Hilfe zuteil wird, sollten Sie auf diese Unterschiede achten und sich genau über Ziele und Arbeitsweisen der betreffenden Institute informieren.

Warum müssen Lesen und Schreiben im Mittelpunkt einer LRS-Therapie stehen?

Wenn Ihr Kind seine Leistungen im Lesen und Schreiben verbessern soll, dann muss es lesen und schreiben. Wenn die Therapie aber Sitzungen anbietet, in denen das Kind vorwiegend spielt, dann erhebt sich doch die Frage, wie damit Erfolge erzielt werden sollen. Auch das Training so genannter basaler Funktionen kann bestenfalls die Voraussetzungen für das Lernen verbessern. Aus vielen lernpsychologischen Experimenten ist bekannt, dass ein Transfer von einem Lerngegenstand auf einen anderen nicht erfolgt. Wenn ein Kind also nur auf Töne oder Lichtpunkte reagieren muss, wird es sein Lesen und Schreiben nicht verbessern.

Lesen und Schreiben sind komplexe geistige Leistungen. Im Gegensatz zur Sprache, die ein Kind durch die sprachliche Anregung in seiner Umgebung erlernt, bedarf es beim Lernen der Kulturtechniken Lesen und Schreiben der Unterweisung, der Erklärung und des wiederholenden Übens. Die Kinder müssen verstehen, was sie tun, sie müssen Regelhaftes erkennen und schriftsprachliche Erscheinungen erfassen. Es gibt keinen einfacheren Weg. Lernen ist eine anstrengende Tätigkeit, die vom Kind unter Anleitung verständnisvoller und konsequenter Pädagogen geleistet werden muss.

Die Lernschritte in einer pädagogischen Therapie erfolgen in einem Lerntempo, das dem Leistungsvermögen des Kindes entspricht. Erst wenn ein Erkenntnisschritt sicher beherrscht wird, folgt der nächste.

Soll Ihrem Kind wirksam geholfen werden, muss vor Beginn einer pädagogischen Therapie sein Lern- und Leistungsstand im Lesen und Schreiben ermittelt werden. Hierzu werden standardisierte Tests eingesetzt, die Art und Umfang der Schwierigkeiten Ihres Kindes erfassen. Auf Grund der erkannten Fehlerschwerpunkte wird der individuelle Lernweg festgelegt. Im Verlauf der Förderung werden die Tests wiederholt, um die Lernfortschritte zu ermitteln. Dabei ist jede Bemühung Ihres Kindes anzuerkennen. Seine Erfolge sind ihm bewusst zu machen, damit es Schritt für Schritt wieder Freude und Selbstvertrauen gewinnt. Auch Sie sollten viel loben und so Ihr Kind unterstützen.

Beim Schriftspracherwerb geht es um den Erwerb von Einsichten in den Zusammenhang von gesprochener und geschriebener Sprache.

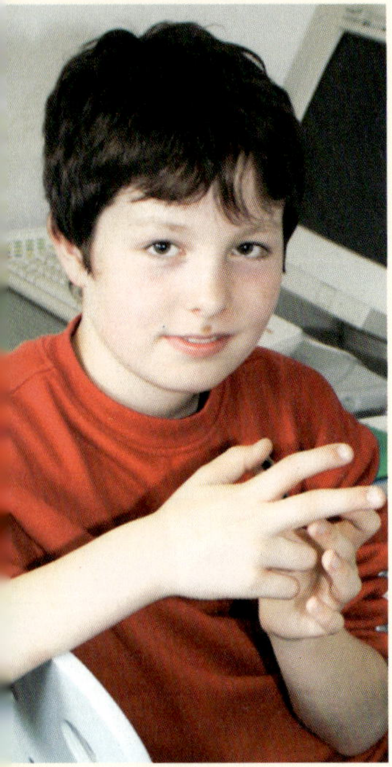

Eine Freundin empfahl mir, mein Kind zum Förderunterricht in einem LOS anzumelden. Ist das ein guter Tipp?

LOS – eine auf Hilfe bei Lese-/Rechtschreibschwäche spezialisierte Einrichtung – gibt es an über 200 Orten in Deutschland, Luxemburg und Österreich.

Kontakt zu einem LOS
www.LOSdirekt.de
oder Tel. 0180 5 06 06 06

Ja! Das LOS (Lehrinstitut für Orthographie und Schreibtechnik) ist eine auf Hilfe bei Lese-/Rechtschreibschwäche spezialisierte Einrichtung, die auf wissenschaftlicher Grundlage eine pädagogische Therapie anbietet. Diese wird allen Kindern angeboten, die Schwierigkeiten mit dem Lesen und Schreiben in der Schule haben. Das LOS gewährt diese Unterstützung unabhängig von der Intelligenz und dem Alter der Kinder, nicht abhängig von der Schulform und Klassenstufe, in der sie lernen. Ziel ist es, die Schulnote in Deutsch zu verbessern. LOS gibt es seit 1982, mittlerweile an über 200 Orten in Deutschland, Luxemburg und Österreich.

Mit standardisierten Lese- und Rechtschreibtests wird zu Beginn der Förderung in einer pädagogischen Diagnose die Lernausgangslage ermittelt und analysiert, auf welcher Stufe der Schriftsprachaneignung sich das Kind befindet. Die Kinder werden nach einem individuellen Förderplan in homogenen Kleingruppen von etwa acht Schülern nach dem Schriftspracherwerbsmodell im Lesen und Schreiben unterrichtet.

In einem komplexen Kurs, der ähnlich einer Spirale das zu Lernende in immer neuen Stufen mit vielfältigen Wiederholungen und Übungen anbietet, werden mittels sprachlicher Unterweisung Einsichten, Kenntnisse und Fähigkeiten in der alphabetischen, orthographischen, morphematischen und wortübergreifenden Strategie vermittelt, geübt und angewandt. Zum Einsatz kommen in einer lernförderlichen Umgebung des LOS vom LOS-Verbund selbst erstellte schriftliche Materialien und Computerprogramme. Im Mittelpunkt stehen dabei wesentliche Phänomene der Schriftsprache, die Ausbildung der phonologischen Bewusstheit, Einsichten in die Struktur und Regelhaftigkeit der Schriftsprache, die Erweiterung des Wortschatzes, die Verbesserung der Lesefertigkeit und Lesekompetenz, die Vermittlung von Prüfmechanismen zur selbstständigen Analyse eigener Lese- und Schreibleistungen. Es wird dabei kleinschrittig vorgegangen und ausreichend Zeit für das Verstehen und Einüben eingeräumt. Zusätzlich erwerben die Kinder allgemeine Fähigkeiten und Techniken erfolgreichen Lernens.

Die Kinder kommen zweimal in der Woche jeweils 90 Minuten zum Förderunterricht. Dieser wird ausschließlich von qualifizierten Pädagogen erteilt, die zusätzlich im LOS-Verbund eine spezielle Ausbildung für eine pädagogische Therapie bei Lese-/Rechtschreibschwäche erhalten haben. Der Unterricht ist intensiv und wird

Lehrinstitut für Orthographie und Schreibtechnik

LOS®

über einen längeren Zeitraum systematisch durchgeführt. Die Therapie dauert mindestens ein Jahr und kann sich bis zu drei und mehr Jahren erstrecken. Sie wird von einer regelmäßigen Diagnose des Lernfortschritts und entsprechenden Rückmeldungen an die Kinder begleitet. Diese werden in die Gestaltung der Förderstunden aktiv einbezogen. Lob und Anerkennung über Fortschritte im Lesen und Schreiben dominieren und motivieren die Kinder zu aktiver Mitarbeit. Sie nehmen gern am Förderunterricht teil.

Die Eltern und Lehrer der Förderschüler werden laufend über die Entwicklung ihrer Kinder informiert und so aktiv in den Lernprozess der Kinder im LOS, zu Hause und in der Schule einbezogen.

Ergebnisse einer Studie über den Förderunterricht im LOS:

Kinder kommen ins LOS, weil sie erhebliche Probleme mit dem Schreiben haben: Etwa die Hälfte der LOS-Schüler weisen zu Beginn der Förderung schwach durchschnittliche Rechtschreibleistungen auf, knapp ein Drittel von ihnen kommen nur auf unterdurchschnittliche Leistungen. Etwa jeder 20. Schüler hat vor der Förderung extrem starke Rechtschreibschwächen.

Fast jeder achte geförderte Schüler (11,5 Prozent) leidet unter Kopfschmerzen und jeder zwölfte (7,9 Prozent) unter Bauchschmerzen.

Die Ergebnisse der Förderung im LOS zeigen, dass die Rechtschreibleistungen der Schüler zu allen Zeitpunkten der Folgetestungen höher ausfallen als die Ausgangsleistung zu Beginn der LOS-Förderung. Die Leistungen im Rechtschreiben steigen im Laufe der Förderung kontinuierlich an. Die Leistungssteigerung ist bis zum Zeitpunkt der ersten Folgetestung (nach ca. 6 Monate Förderdauer) gegenüber der Ausgangstestung besonders hoch. Danach verbessern sich die Leistungen zwar weiterhin, jedoch ist der Zuwachs nicht mehr so hoch. Je schwächer jemand in eine solche Förderung einsteigt, desto höher ist die Wahrscheinlichkeit, sich zu verbessern. Vergleicht man Leistungen der LOS-Schüler mit Schülern mit gleich schlechten Ausgangsleistungen, die an einem schulischen Förderunterricht teilnehmen, dann legen die im LOS geförderten Schüler wesentlich mehr zu.

(Aus: WORTSPIEGEL 01/02/2006, die gesamte Studie im Internet unter www.LOSdirekt.de)

Der Förderunterricht im LOS ist erfolgreich. Das bestätigen unabhängige Studien: Die Daten von 48 000 Kindern und über 7 000 Elternfragebögen wurden dazu ausgewertet. Fazit: Eine private Förderung lohnt sich für Kinder und Eltern.

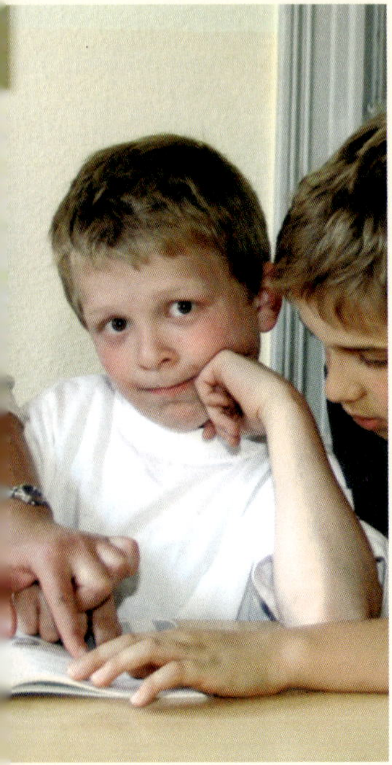

Was ist besser: Einzel- oder Gruppenunterricht?

Der Förderunterricht in einer leistungshomogen Kleingruppe ist dem Einzelunterricht unbedingt vorzuziehen.

Wie bereits mehrfach erklärt: Lesen und Schreiben sind erlernbare Fertigkeiten. Für diejenigen aber, die dabei besondere Schwierigkeiten haben, heißt es, sich immer wieder zu überwinden, um das zu tun, was sie nicht ausreichend können, was für sie äußerst beschwerlich ist. Dabei kommt keine rechte Freude auf, weil man keine raschen Erfolge sieht.

Leichter fällt das Lernen in einer kleinen Gruppe, in der alle den gleichen oder ähnlichen Leistungsstand haben. Da macht das Lernen einfach mehr Spaß.

In einer freudvollen Atmosphäre, in der alle Kinder Anerkennung erfahren, fällt das mühevolle Lesen und Schreiben nicht so schwer. Ein Lob vor den anderen Kindern stärkt das Selbstvertrauen.

Die sorgfältig zusammengesetzte Kleingruppe hat zugleich eine motivierende und eine anspornende Wirkung.

Ihr Kind erlebt in der Gruppe,

- dass es mit seinen Problemen nicht allein ist;
- dass sich auch die anderen Kinder anstrengen müssen, das hilft sich selbst zu überwinden;
- dass kein Kind das andere auslacht;
- dass sich die Kinder einander helfen, voneinander lernen und sich auch gemeinsam über Erfolge freuen.

Ihr Kind lernt Gruppenregeln einzuhalten, sich einzuordnen, zuzuhören, nicht dazwischen zu reden und sich gegenüber Kindern mit gleichem Leistungsvermögen zu behaupten. Es lernt also zugleich Verhaltensweisen, die es auch in der Schulklasse und im späteren Leben braucht.

Der Förderunterricht in einer leistungshomogen Kleingruppe ist demzufolge dem Einzelunterricht unbedingt vorzuziehen.

Einzelunterricht ist nur dann ratsam, wenn massiv auftretende Verhaltensauffälligkeiten oder Aufmerksamkeitsstörungen die Förderung in der Gruppe erschweren.

In einigen Fällen sind dann sogar neben der pädagogischen Therapie der Lese-/Rechtschreibschwierigkeiten weitere diagnostische und therapeutische Maßnahmen angezeigt. Bei beeinträchtigter Aufmerksamkeit, starken emotionalen oder Verhaltensauffälligkeiten kann z. B. eine psychiatrische/psychotherapeutische Abklärung und eine entsprechende Behandlung als Voraussetzung für eine erfolgreiche pädagogische Therapie von LRS erforderlich und nützlich sein.

Können Lese- und Rechtschreibprobleme schnell behoben werden? Wie lange dauert eine Förderung?

Die Dauer und Intensität einer Förderung ist abhängig von Art und Ausmaß der Probleme Ihres Kindes. Stellen Sie sich darauf ein, dass eine wirksame Therapie längere Zeit dauert. Misstrauen Sie Versprechungen auf schnelle Hilfe. Die Erfahrung zeigt, dass nur eine langfristig, intensiv und regelmäßig durchgeführte Förderung zu einem dauerhaften Erfolg führt. Sie erstreckt sich in der Regel über einen Zeitraum von ein bis drei Jahren und sollte zweimal wöchentlich erfolgen. In dieser Zeit sollten die Lernfortschritte regelmäßig getestet und mit Ihnen und Ihrem Kind ausgewertet und besprochen werden.

Wissenschaftler der Universität Potsdam haben an den Berliner LOS (Lehrinstituten für Orthographie und Schreibtechnik) eine Studie durchgeführt und festgestellt, dass Fortschritte im Lesen und Schreiben von der Anzahl der Förderstunden abhängt. Je mehr Förderstunden ein Kind absolvierte, desto größer war der Fördererfolg. Wenn ein Kind nur einmal in der Woche an einem Förderunterricht teilnimmt, dann würde sich die Gesamtdauer einer Therapie erheblich verlängern, damit sie Erfolg bringt. Auch bedürfte es einer besonders starken Motivation, um über so lange Zeit durchzuhalten. Zweimal in der Woche am Förderunterricht teilzunehmen, ist deshalb sehr wichtig und für das Kind hilfreich.

Damit sich die Leistungen des Kindes nachhaltig verbessern und festigen können, sollten Sie die Förderung nicht vorzeitig abbrechen. Im Gegenteil, nehmen Sie Einfluss auf eine regelmäßige Teilnahme Ihres Kindes am Förderunterricht, damit das mühsam erworbene Wissen und Können nicht wieder in Vergessenheit gerät, sondern gefestigt werden kann.

Lesen- und Schreibenlernen braucht Zeit. Um Fortschritte bei der Überwindung von Schwierigkeiten zu erreichen, bedarf es einer langfristigen und intensiven Förderung.

Muss ich eine außerschulische Förderung selbst bezahlen?

Die Kosten für eine außerschulische Therapie müssen Sie in der Regel selbst tragen.

Hoffnung auf Kostenerstattung für eine außerschulische Förderung besteht kaum. Sie müssen das Geld für die außerschulische Förderung selbst aufbringen, auch wenn das Ihnen vielleicht schwer fällt. Manchmal helfen dabei aber auch besorgte Großeltern oder Freunde. Bedenken Sie: Eine Entscheidung für eine kontinuierliche, auf die Stärken und Schwächen des Kindes ausgerichtete pädagogische Therapie bringt nachweislich viel mehr als das ungezielte, nicht selten Nerven aufreibende Üben zu Hause.

Nur ein sehr geringer Anteil von Kindern mit Lese-/Rechtschreibproblemen, nämlich nur die schwer lese-/rechtschreibgestörten mit Anzeichen für starke seelische Beeinträchtigung können eine Übernahme der Therapiekosten erwarten und das auch nur für einen meist nicht ausreichend langen Zeitraum. Diese Unterstützung wird aber zurzeit seitens der verantwortlichen staatlichen Stellen immer weiter eingeschränkt.

Auch die Krankenkassen übernehmen keine Kosten für eine Therapie. Sie gehen zu Recht davon aus, dass LRS keine Krankheit und ihre Überwindung eine pädagogische Aufgabe ist.

Auch reine ergotherapeutische Maßnahmen können bestenfalls Voraussetzungen für das Lesen und Schreiben verbessern, sie haben aber keinen messbaren Erfolg für Lese- und Schreibleistungen.

Unabhängig von der Finanzierung einer außerschulischen Hilfe ist es ratsam, die Entscheidung für eine pädagogische Therapie nicht zu lange hinauszuzögern, sondern rechtzeitig dem Kind eine solche Förderung zu ermöglichen, denn je geringer die Probleme desto kürzer die Dauer der notwendigen Therapie.

Die Ausgaben für ihr Kind lohnen sich, weil Sie ihm Misserfolge und seelische Belastungen ersparen. Sie ermöglichen ihm, seine Lernrückstände systematisch abzubauen, sein Selbstvertrauen zu stärken und allmählich wieder Lese- und Schreibfreude zu wecken. Sie ermöglichen Ihrem Kind so eine schulische und berufliche Entwicklung, die seinen Interessen entspricht.

Kann ich mein Kind nicht auch selbst unterrichten?

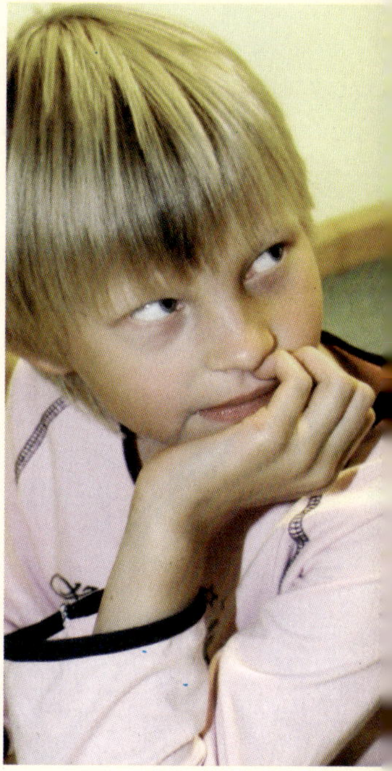

Trotz eines reichen Angebots von Übungsmaterialien und von Lernsoftware im Buchhandel sollten Sie nicht Therapeut Ihres Kindes sein, denn Sie verfügen nicht über das erforderliche fachliche und didaktisch-methodische Wissen und Können. Auch die liebevolle Beziehung zu Ihrem Kind wäre durch das tägliche Üben emotional stark belastet und damit der häusliche Frieden gefährdet. Man denke nur an die unendliche Geduld, die Sie als Mutter oder Vater aufbringen müssen, wenn Ihr Kind ein Wort immer wieder falsch schreibt. Sie wollen gewiss nicht Ihr gutes Verhältnis zu Ihrem Kind stören.

Sicher haben auch Sie mit Ihrem Kind schon viel geübt, doch es hat wenig geholfen. Manchmal sind vielleicht sogar Tränen geflossen, weil das Kind die Konzentration und Sie die Geduld verloren haben. Erfahrungsgemäß sind nur ganz wenige Eltern in der Lage, das Lesen und Schreibenlernen ihres Kindes wirksam und nachhaltig zu fördern, weil dazu weit mehr gehört als das Abarbeiten von Arbeitsblättern oder dem Folgen eines Computerprogramms.

Dagegen entlastet eine außerschulische Förderung Sie als Eltern enorm, und die Kinder erleben die Eltern nicht täglich als „Ersatzlehrer".

Eltern können wesentlich zum Erfolg der Fördermaßnahme beitragen, wenn sie

- engen Kontakt zur Fördereinrichtung halten,
- ihr Kind unterstützen, den zusätzlichen zeitlichen Aufwand zu bewältigen und es motivieren, regelmäßig zum Förderunterricht zu gehen,
- mit Lob und Anerkennung das Lernverhalten des Kindes positiv beeinflussen,
- begleitend zu Hause die eine oder andere Übung gemeinsam mit Ihrem Kind absolvieren. Dazu gibt es Vorschläge auf der nächsten Seite.

Eltern als Lehrer ihrer Kinder – ob das gut geht?

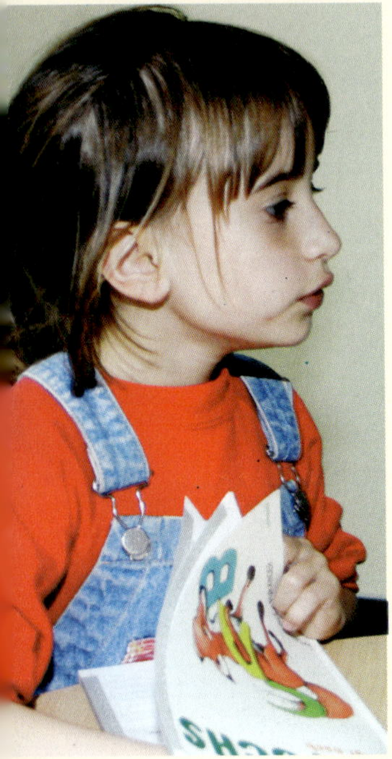

Wie kann ich meinem Kind zu Hause helfen?

Sie helfen Ihrem Kind zu Hause am besten, wenn Sie sich Zeit nehmen, sich erzählen lassen, ihm zuhören, seine Interessen kennen, seine Sorgen und Probleme ernst nehmen, gemeinsam etwas unternehmen. Loben Sie Ihr Kind für jeden – auch den kleinsten – Lernerfolg. Es dankt es Ihnen mit Freude und neuer Aktivität.

Machen Sie Ihrem Kind seine Stärken bewusst. Jedes Kind hat Stärken und Schwächen. Lese-/ rechtschreibschwache Kinder sind oft sehr kreativ, sportlich oder technisch begabt.

Auch zusätzliches sinnvolles Üben kann den Lernerfolg unterstützen.

Für zu Hause können folgende Übungsformen sehr nützlich sein:

- Das Lernen mit einer Lernkartei kann helfen, Rechtschreibsicherheit zu erlangen. Dafür gibt es auch ein nützliches Computerprogramm, die WORTKISTE.
- Sprach- und Schreibspiele, Eselsbrücken können hilfreich sein und wieder Lust zum Schreiben wecken. Auf der rechten Seite haben wir für Sie einige Vorschläge unseres Verlages dazu unterbreitet.
- Zählen Sie immer die richtig geschriebenen Wörter, nicht die Fehler.
- Seien Sie Ihrem Kind hinsichtlich des Lesens und Schreibens ein Vorbild:
  Wenn Ihr Kind erlebt, dass Sie Briefe, Einkaufszettel oder Ähnliches schreiben, wird ihm die Bedeutung der Schriftsprache bewusster.
  Lesen Sie selbst in der Zeitung und in Büchern, nutzen Sie Nachschlagwerke.
- Lesen Sie gemeinsam mit ihrem Kind. Lesen Sie ihm vor, damit es erlebt, dass Lesen etwas Schönes sein kann. Lassen Sie Ihr Kind auch einmal auf Tonband (ohne Korrektur zwischendurch) lesen und überprüfen Sie gemeinsam danach das Gelesene. Wichtig ist. Lesen soll Freude machen.
- Unterhalten Sie sich mit Ihrem Kind über Verschiedenes, über Erscheinungen der Natur, über aktuelle Ereignisse. Wenn es etwas nicht weiß, lassen Sie es die Antwort in einem Lexikon, in der Zeitung oder gar im Internet suchen.
- Vergessen Sie nie, die Bemühungen Ihres Kindes anzuerkennen. Zeigen Sie ihm Ihre Freude! Auch wenn es ohne Murren übt, ist das schon ein paar freundliche Worte wert.

Erkennen Sie jede Bemühung an, loben Sie und freuen Sie sich über jeden auch noch so kleinen Fortschritt!

Üben zu Hause: Angebote des LOS-Verlags trainmedia

EIN FUCHS schlägt nach
Wörterbuch für Kinder
ISBN 3-933699-11-8
3,85 EUR (illustr.)

WORTKISTE 2.15
ISBN 3-933699-01-0
24,80 EUR

TAST-TRAIN
ISBN 3-933699-25-8
7,50 EUR

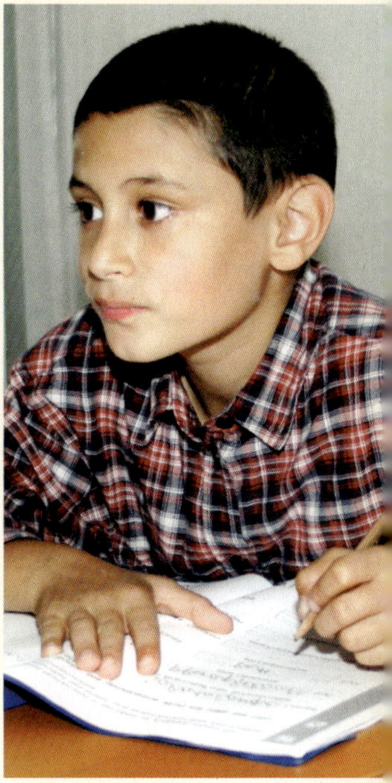

Zum Üben der richtigen Schreibung der Wörter und zum Erlernen des Schreibens mit zehn Fingern.

LAUT(E) schreiben
Übungsheft
ISBN 3-933699-10-X
5,10 EUR

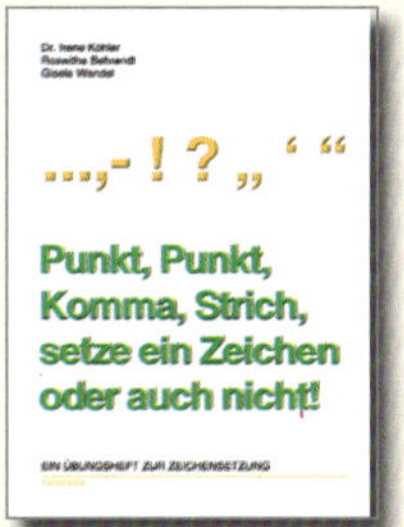

Punkt, Punkt, Komma, Strich ...
Ein Übungsheft zur Zeichensetzung
ISBN 3-933699-16-9
8,50 EUR

Theodora Papanagnou
Laute Buchstaben und lustige Sätze
Sprachspiele für zu Hause und für unterwegs
ISBN 3-933699-21-5
6,30 EUR (illustr.)

Irene Köhler
Mein unsichtbarer Freund
Eselsbrücken,, Ratschläge, Regeln, Spiele
ISBN 3-933699-12-6
5,40 EUR (illustr.)

Die Sammlung von Eselsbrücken und Spielen von Dr. Irene Köhler wurde bereits über 12 000 Mal verkauft. Theodora Papanagnou hat beliebte Sprachspiele zusammengestellt, die man zu Hause oder auch unterwegs spielen kann.

Abwechslungsreiches Üben zu Hause kann Spaß und Freude machen.

trainmedia GmbH
Medien- und Verlagsgesellschaft

Bestellungen über
www.trainmedia.de/shop
oder Tel. 030 65498436

Helfen Computerprogramme?

Ja, Computerprogramme können hilfreich sein, doch sie ersetzen nicht den Pädagogen.

Computer sind zu einem unentbehrlichen Bestandteil unseres Alltags geworden. Was wären Sekretärinnen, Bankangestellte, Arztpraxen und vieles mehr ohne Computer? Zwar hat eine vergleichbare Entwicklung in der Schule noch nicht stattgefunden, doch wachsen Kinder heute wie selbstverständlich mit dem Computer auf.

Lese-/rechtschreibschwache Kinder sind am Computer leichter zum Üben zu motivieren, denn es macht ihnen Freude:

- Das Schreiben fällt ihnen leichter. Wörter können auf Tastendruck erzeugt, leicht korrigiert und gelöscht werden, das ist einfacher, als Wörter mit der Hand zu schreiben und zu verbessern.
- Das Eintippen der Buchstaben erleichtert das für den Lernprozess so notwendige Mitsprechen, was ein Auslassen von Buchstaben verhindert.
- Das saubere Schriftbild erleichtert die Fehlerkorrektur.
- Das Erlernen des 10-Finger-Systems hat positiven Einfluss auf die Feinmotorik.

Für lese-/rechtschreibschwache Kinder kann also das zusätzliche Üben am Computer sehr nützlich sein, wenn die Lernprogramme entsprechenden Qualitätskriterien gerecht werden.

Diese beinhalten eine klare Zielstellung, innovative Übungsformen, Aufgabenvielfalt, abgestufte Schwierigkeitsgrade, automatische Fehlerrückmeldung und Veranschaulichen der Übungsergebnisse.

Auf übertriebene grafische Elemente und Animationen sowie umfangreiche Rahmenhandlungen sollte verzichtet werden. Sie rücken den Inhalt des Lernens in den Hintergrund und bedeuten nur Zeitverlust. Lernen ist nun einmal mit Anstrengung verbunden, auch am Computer.

Computer-Lernprogramme allein garantieren keinen Erfolg. Es bedarf der Kombination mit anderen traditionellen schriftlichen Lehrmitteln und vor allem der einfühlsamen, wegweisenden Einflussnahme der Pädagogen.

Computerprogramme allein helfen nicht. Unter Anleitung von Pädagogen sind sie dann nützlich, wenn sie die Kinder zum Arbeiten anregen und sie nicht vom Wesentlichen des Übens ablenken.

Hängt der Erfolg einer Therapie von den Pädagogen ab?

Zweifellos ja. Der Erfolg der Förderung wird ganz wesentlich von der fachlichen, pädagogischen und emotionalen Kompetenz des Pädagogen bestimmt. Pädagogen, die geeignet sind, Lese-/Rechtschreibschwäche zu therapieren,

- haben die genauen Zusammenhänge zwischen Schrift und Sprache studiert,
- sind in der Lage, die Lernvoraussetzungen des lernenden Kindes zu ermitteln,
- beherrschen diagnostische Instrumente (Tests, Befragung, Beobachtung) zur genauen Analyse von Art und Umfang der Lernstörungen,
- haben die Fähigkeit, didaktisch und methodisch die geeigneten Fördermaßnahmen richtig anzuwenden,
- haben viel Geduld, Einfühlungsvermögen, können aber auch mit Konsequenz zu angestrengtem Lernen motivieren,
- fühlen sich berufen, Kindern zu helfen. Sie entwickeln zu ihnen einen motivierenden Kontakt und zeigen viel Verständnis.

Erkundigen Sie sich deshalb nach der Qualifikation der eingesetzten Pädagogen. Für eine erfolgreiche pädagogische Therapie ist ein pädagogischer Abschluss unbedingt erforderlich. Studenten – so lern- und einsatzfreudig sie auch sein mögen –, sind noch nicht genügend dafür qualifiziert. Fragen Sie auch danach, welche spezielle regelmäßige Fortbildung die eingesetzten Pädagogen erhalten.

Erkundigen Sie sich, in welchem Umfang die Fördereinrichtung mit Fachleuten wie Psychologen, Logopäden oder Ärzten zusammenarbeitet, um mögliche Begleiterscheinungen zu behandeln. Manchmal muss eine solche Maßnahme der pädagogischen Therapie vorausgehen oder sie eine kurze Zeit begleiten.

Die Pädagogen sind wichtige Bezugspersonen für Ihr Kind, von ihrer fachlichen und pädagogischen Kompetenz sowie ihrem Einfühlungsvermögen in die Situation der Kinder hängt der Erfolg einer pädagogischen Therapie ganz wesentlich ab.

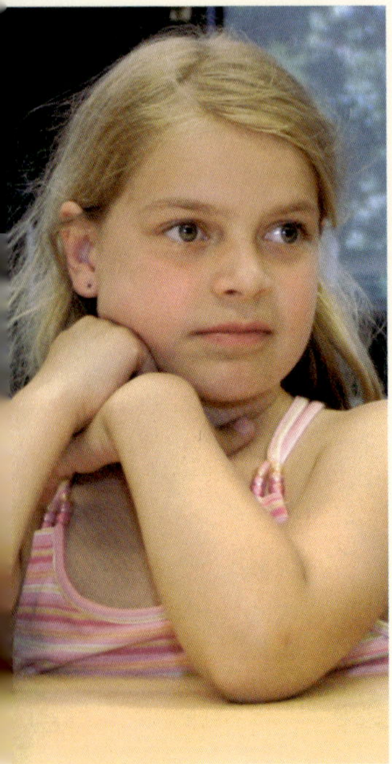

Mein Kind kommt in die Schule. Ich habe Sorge, ob es die Anforderungen bewältigen wird. Was kann ich prophylaktisch tun?

Frühe Förderung hilft spätere Probleme zu vermeiden.

Ihre Überlegungen sind berechtigt, denn für die positive Entwicklung Ihres Kindes ist es wichtig, bereits im Kindergarten und Vorschulalter auf bestimmte Warnsignale zu achten, die auf mögliche spätere Schwierigkeiten mit dem Lesen und Schreiben hinweisen.

Das Schreiben- und Lesenlernen hängt wesentlich vom lautsprachlichen Niveau eines Kindes ab. Aus den unterschiedlichsten Gründen kann sich bei einigen Kindern die sprachliche Entwicklung verzögern. Ein unzureichender Wortschatz erschwert das Verständnis für die Erklärungen des Lehrers. Das Kind kann der Gedankenführung des Lehrers nicht folgen und verliert den Anschluss, auch wenn es sich noch so sehr anstrengt.

Was können Sie tun?

- Sprechen Sie viel mit Ihrem Kind. Achten Sie auf eine deutliche Aussprache. Lassen Sie es Gegenstände, Erscheinungen und Vorgänge benennen, erklären Sie es, wenn es etwas nicht verstanden hat.
- Singen Sie gemeinsam, klatschen Sie den Rhythmus. Finden Sie gemeinsam Reimwörter: Kopf-Knopf-Schopf, Mutter-Butter-Futter, und bilden Sie lustige Sätze mit diesen Reimwörtern.
- Sehen sie sich gemeinsam Bilderbücher an und lesen Sie viel vor. Stellen Sie dem Kind Fragen zum Vorgelesenen und lassen Sie es sich geduldig erklären. Basteln Sie mit Ihrem Kind. Beim Falten, Ausschneiden, Kleben lernt es die feinen Bewegungen, die es für das Schreiben der Buchstaben braucht.
- Lassen Sie Ihr Kind Sätze in Wörter zerlegen, Wörter in Silben, Silben in Laute, nicht in Buchstaben. Führen Sie gemeinsam Wort- und Schreibspiele durch.

Haben Sie vor Schulbeginn oder zu Beginn der ersten Klasse das Gefühl, dass das Lesen- und Schreibenlernen Ihrem Kind schwer fällt, zögern Sie nicht, lassen Sie sich auch von Spezialisten in außerschulischen Fördereinrichtungen beraten. Es gibt auch für Kinder im Vorschulalter einfache Tests, mit denen sich die Lernvoraussetzungen ermitteln lassen, um diese gezielt zu verbessern. Schwer wiegenden Lese- und Schreibproblemen können Sie so frühzeitig vorbeugen.

Lernt mein Kind in einer pädagogischen Therapie auch, wie es lernen muss?

Lese-/rechtschreibschwache Kinder müssen mit dem Üben vertraut gemacht werden. Sie brauchen Strategien zum Lernen und Behalten. Deshalb lernt Ihr Kind während einer pädagogischen Therapie Arbeitstechniken (Fertigkeiten) kennen und anzuwenden, die es ihm ermöglichen, zunehmend eigenverantwortlich und selbstständig Aufgaben zu lösen und das eigene Lernen zu überwachen und zu steuern.

Ihr Kind lernt dazu Selbstinstruktionen wie:

- Ich frage, wenn ich nicht weiß, wie ein Wort geschrieben wird.
- Ich nutze das Wörterbuch.
- Ich wende Merksätze, Regeln, Eselsbrücken an.
- Ich kontrolliere das Geschriebene mit den gelernten Prüfmechanismen.

Es übt Arbeitstechniken und Lernstrategien ein wie:

- synchrones Sprechen und Schreiben, um keine Buchstaben auszulassen;
- kommentiertes Schreiben, bei dem rechtschreibliche Entscheidungen durch Zeichen markiert werden;
- Verstehen, Verarbeiten und Wiedergeben des Gelesenen unter Anwendung der 5-Schritt-Lesetechnik;
- Prüfmechanismen zum Kontrollieren und Korrigieren eigener Texte (z. B.: „Endet ein Wort mit -ung, schaue ich gleich, ob ich es groß geschrieben habe!“).

Regen auch Sie ihr Kind dazu an, richtige Schreibweisen selbstständig zu finden!

- Bei Verben soll es die Grundform bilden: die Briefmarke klept oder klebt – kleben.
- Substantive soll es verlängern: Berg oder Berk – Berge, Dieb oder Diep – Diebe.
- Adjektive soll es steigern: lustig oder lustich – lustiger.

Achten Sie auf die Ordnung am Arbeitsplatz Ihres Kindes. Erfolgreiches Lernen erfordert ein hohes Maß an Konzentration. Deshalb sollte Ihr Kind einen eigenen, festen Arbeitsplatz haben, ohne laufenden Fernseher.

Alles, was ablenkt, sollte weggeräumt sein.

Lernen,
wie man lernen muss,
bedeutet, selbstständig,
effektiv und erfolgreich
Aufgaben zu lösen.

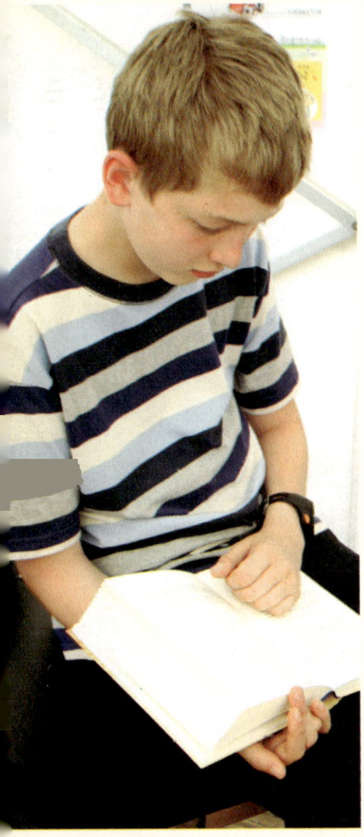

Was kann ich tun, damit mein Kind häufiger und gerne liest?

Lesen ist eine der wichtigsten Voraussetzungen für die schulische und berufliche Entwicklung.

Es ist gut, dass Sie sich über die Leseleistung und Leseunlust Ihres Kindes Gedanken machen, denn Lesen ist eine der wichtigsten Voraussetzungen für alles, was Kinder lernen müssen.

Die Praxis zeigt, dass ein Kind mit Schwierigkeiten im Lesen notwendigerweise die Lust verliert und dass ein Kind ohne Schwierigkeiten im Lesen auch die Lust verlieren kann, weil die Fibeltexte schon mehrmals gelesen wurden und es nichts Neues mehr zu erfahren gibt oder die Texte unter dem geistigen Niveau der Schüler, nicht spannend, lustig oder aufregend sind.

Ihr Kind, dem das Lesen schwer fällt, das vielleicht fehlerhaft, stockend und langsam liest, geht natürlich mit Unlust ans Lesen. Diese Schwierigkeiten müssen unbedingt behoben werden, denn die Fähigkeit des verstehenden Lesens ist in allen Fächern notwendig.

Unternehmen Sie nichts, besteht die Gefahr, dass Ihr Kind in den gefürchteten Teufelskreis gerät: Da es ungern liest, liest es meist weniger als die gleichaltrigen Mitschüler, die gern lesen. Es hat damit weniger Übung und schneidet bei weiteren Vergleichen immer schlechter ab. Seine Entwicklungsverzögerungen im Lesetempo und im verstehenden Lesen werden größer. Es wird entmutigt und ist immer schwerer zu motivieren. Hinzu kommt die Gefahr, dass der Einfluss anderer Medien so dominant wird, dass das Lesen verdrängt wird.

Wie ist dieser Teufelskreis zu durchbrechen?

- Schimpfen, drohen, zwingen verschlimmern nur die Situation.
- Lesen erfordert viel Übung. Üben Sie mit Ihrem Kind regelmäßig, aber in Maßen. nicht auf Teufel komm raus. Lesen Sie so oft wie möglich vor und lassen Sie sich vorlesen.
- Lassen Sie Ihr Kind in allen möglichen Situationen (Straßennamen, Einkaufszettel, Backanleitungen, Werbung, TV-Programm...) lesen, ohne dass es das Gefühl hat, üben zu müssen und kontrolliert zu werden. Zeigen Sie sich erfreut.
- Lassen Sie Ihr Kind auf Tonband lesen (korrigieren Sie nicht zwischendurch!) und hören Sie es sich gemeinsam an.
- Abonnieren Sie eine Zeitschrift für Ihr Kind und lesen Sie diese gemeinsam.
- Berücksichtigen Sie bei der Bücherauswahl die Interessen und den Leistungsstand Ihres Kindes.

Ihr menschliche Wesen
sollt denken beim Lesen,
euch nicht verlieren
im Buchstabieren.

Durch denkendes Lesen
werdet ihr Wesen,
die klarer sehen
und mehr verstehen.

Wer liest und denkt,
sich selbst beschenkt.

Stellen beim Lesen
Gedanken sich ein,
gibt es kein Schwanken,
lasst sie herein!

Kurt Meiers

Leseempfehlungen

Erstes Lesealter

Elke Heidenreich: Nero Corleone. Eine Katzengeschichte
Hanser-Verlag

Alan A. Milne: Pu der Bär
Dresslo Verlag

Cornelia Funke: Drachenreiter
Dresslo-Verlag

Michael Bond: Ein Bär mit Namen Paddington

Hans de Beer: Der kleine Eisbär
Nord-Süd-Verlag

Christian Berg: Tamino Pinguin
Thienemann-Verlag

Frank Cottrell Boyse: Millionen
Carlsen-Verlag

Sachbuchreihe
Die Welt entdecken
Ravensburger Buchverlag

Verschiedene Themen:
Rund um den Globus, Wir entdecken den Wald, Dinosaurier, Wale ...

Abenteuerreihe
Das magische Baumhaus
Loewe-Verlag

Ab 12 Jahre

Andreas Schlüter: Level 4. Die Stadt der Kinder

Louis Sachar: Löcher
Beltz& Gelberg

Eine total spannende Krimi-Reihe
Labyrinthe Krimis
z. B. „Keine Wahl"von Christoph Wortberg, „Sie kriegen dich" von Oliver Pautsch, „Ausgeknipst" von Rolf Bönnen

Ab 14 Jahre

Lian Hearn: Das Schwert in der Stille
Carlsen-Verlag

Jana Simon: Denn wir sind anders
Rowohlt Berlin

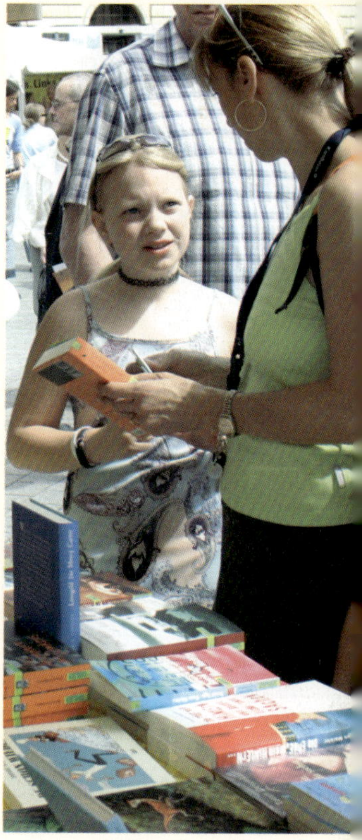

Lesen sollte vor allem Spaß machen und sinnvoll sein. „Verführen" Sie Ihr Kind zum Lesen, mahnen Sie nicht!

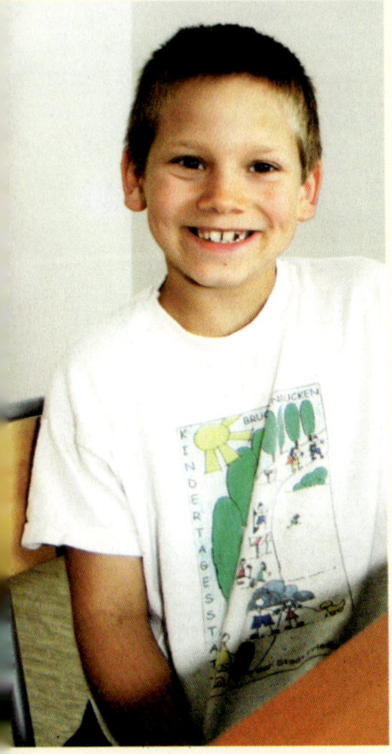

Welche weiterführende Schule ist die richtige für mein Kind?

Die Interessen Ihres Kindes und seine Lernvoraussetzungen sollten die Wahl einer Schule bestimmen.

Es ist verständlich, dass Sie sich darüber Sorgen machen, ob Ihr Kind, das sich mit Problemen im Lesen und Schreiben schon in der Grundschule herumschlägt, die Anforderungen in einer anderen Schulform auch bewältigen kann. Die Wahl der Schule sollte gründlich bedacht und durchdacht werden. Mangelhafte Leistungen im Deutschen entscheiden nicht unwesentlich über die Leistungen auch in anderen Fächern. Misserfolge in der neuen Schule können dann zu Verunsicherung, Angst und Motivationsverlust – im schlimmsten Fall auch nochmals zum Schulwechsel – führen.

Nutzen sie verschiedene Informationsquellen in der Grundschule über weiterführende Schulen und beachten sie die Empfehlung der Grundschule, die auf den erzielten Noten, dem Lern- und Leistungsverhalten Ihres Kindes sowie den pädagogischen Erfahrungen beruht. Folgende Schulen stehen zur Wahl:

- Die **Hauptschule** ist zu empfehlen, wenn Ihr Kind handwerklich/praktisch interessiert ist und einen solchen Beruf ergreifen möchte.
- Die **Realschule/Sekundarstufe I** ist zu empfehlen, wenn Ihr Kind einen Beruf erlernen möchte, der die mittlere Reife voraussetzt. Die Leistungen Ihres Kindes sollten mindestens im Durchschnittsbereich liegen.
- Das **Gymnasium** stellt hohe Anforderungen an Ihr Kind und ist vor allem dann geeignet, wenn es besondere Begabungen in anderen Fächern hat. Die Lese-/Rechtschreibkenntnisse sollten sich stabilisiert haben. Ihr Kind sollte gerne lernen, wissbegierig und fleißig sein.
- In der **Gesamtschule** werden die Schüler in einzelnen Fächern wie Mathematik, Deutsch, Naturwissenschaften in verschiedene Kurse eingeteilt. Je nach Leistung kann Ihr Kind den gymnasialen, den Real- oder Hauptschulzweig absolvieren.
- **Privatschulen** bieten differenzierte Angebote, vor allem wenn Ihr Kind noch Lernprobleme hat.

Die Schulform sagt noch nicht viel über die Qualität aus. Besuchen Sie deshalb die zur Auswahl stehenden Schulen und befragen Sie die Leitung, die Lehrer, Schüler und Eltern (Klassenstärke, soziale Zusammensetzung der Klasse, Förderunterricht, LRS-Problematik, Arbeitsgemeinschaften ...).

Bedenken Sie außerdem: Auch später gibt es noch die Möglichkeit, höhere Bildungsabschlüsse zu erwerben.

Unsere Tochter besucht das Gymnasium. Sie ist schon in der 9. Klasse. Hat da eine Förderung zur Behebung ihrer Rechtschreibprobleme noch Sinn?

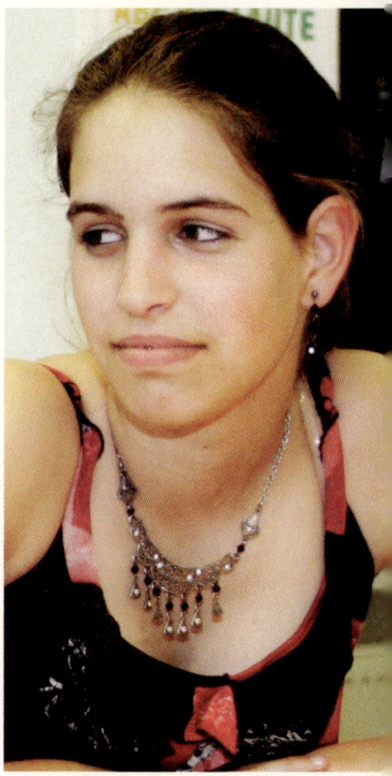

Viele Kinder erleben beim Übergang von der Grundschule zum Gymnasium einen deutlichen Leistungsabfall im Fach Deutsch und oftmals auch in den Fremdsprachen. Je eher durch zusätzliches Üben die Defizite abgebaut werden, desto besser. Natürlich kann eine Förderung auch in den höheren Klassen noch äußerst hilfreich und damit sinnvoll sein. Gerade Gymnasiasten erfahren in Klausuren oftmals, dass die Bewertung ihres Wissens durch die Einbeziehung ihrer orthographischen Leistungen beeinträchtigt wird, d. h. die Zensur um einen Grad schlechter ausfällt. Damit sollten Sie sich nicht abfinden.

Es kommt deshalb darauf an, die Probleme Ihrer Tochter in der Rechtschreibung genau zu diagnostizieren, zu analysieren, um sie mit erprobten wissenschaftlichen Methoden und Lehrmitteln gezielt zu beheben, zumindest reduzieren zu können. Dazu müssen alle Anforderungen an ihrem Könnensstand ausgerichtet werden, damit Über- oder Unterforderungen vermieden werden. Das könnte demotivierend sein. Ihre Tochter muss spüren, dass ihr die zusätzlich investierte Zeit und Mühe hilft, Sicherheit in der Rechtschreibung zu gewinnen, dass sie Übungen absolviert, die sie braucht. Sie muss aktiv und einsichtig den Lernprozess mitgestalten.

Jugendliche befinden sich in einer Entwicklungsphase, die von emotionalen Schwankungen geprägt ist. So ist es auch bei Gymnasiasten oftmals notwendig, an die Einsicht zu appellieren, die zusätzliche Übungszeit optimal zu nutzen. Die Motivation ist wichtig. Deshalb ist eine Lernatmosphäre günstig, in der ein lernförderliches Verhalten durch Verständnis, gegenseitige Achtung und Vertrauen gefördert wird.

Für eine Förderung ist es nie zu spät. Auch im beruflichen Leben hört das Lernen nicht auf.

Schulische Förderung oder außerschulische pädagogische Therapie?

Wenn die schulische Förderung – trotz aller Bemühungen der Lehrer – nicht ausreicht, dann ist eine außerschulische zwingend notwendig.

Seit Dezember 2003 gibt es eine Richtlinie der Kultusministerkonferenz (KMK) „Grundsätze zur Förderung von Schülerinnen und Schülern mit besonderen Schwierigkeiten im Lesen und Rechtschreiben", in der es unmissverständlich heißt, „dass die Diagnose und die darauf aufbauende Beratung und Förderung der Schülerinnen und Schüler mit besonderen Schwierigkeiten im Lesen und Rechtschreiben zu den Aufgaben der Schule gehört."

Als „entscheidende Grundlage für den Erwerb der Fähigkeit zum Lesen und Rechtschreiben" wird von den Schulen verlangt, Arbeitsformen zu entwickeln, „durch die Schülerinnen und Schüler die erforderlichen individuellen Entwicklungsmöglichkeiten erhalten" und einen Lese-/Rechtschreibunterricht zu gewährleisten, der „am jeweiligen Lernentwicklungsstand des Kindes ansetzt, ausreichend Lernzeit gibt und die Ergebnisse gründlich absichert".

Gegenwärtig ist wenig erkennbar, dass die Schulen langfristig eine optimale Förderung gewährleisten können, da ihnen oft die personellen, zeitlichen, räumlichen und materiellen Voraussetzungen fehlen, um auf den individuellen Bedarf Ihres Kindes einzugehen.

Notwendig wäre ein Lese-/Rechtschreibunterricht, der didaktisch und methodisch dem Schriftspracherwerbsmodell folgt und vom Entwicklungsstand des einzelnen Kindes ausgeht sowie binnendifferenzierende Maßnahmen zum Abbau von Lernproblemen in jeder Klasse einsetzt.

Der zusätzliche schulische Förderunterricht umfasst aber in der Regel völlig unzureichend nur eine Stunde pro Woche, meist sogar aus organisatorischen Gründen die 0. oder die 6. Stunde, wenn die anderen Kinder zu Hause sind. Darüber hinaus bleibt die Qualität der Förderung offen. Oft fällt der Unterricht sogar aus.

Eine gute außerschulische pädagogische Therapie ist notwendig und sinnvoll, wenn die Schule trotz besten Bemühens nur unzureichende Fördererfolge erzielt. Es gibt auch Beispiele, dass Schulen mit außerschulischen Einrichtungen bereits eng zusammenarbeiten.

Voraussetzungen für eine erfolgreiche Förderarbeit ist die möglichst frühzeitige Diagnose, die Ableitung eines individuellen Förderplanes, die motivierende Umsetzung des Planes durch speziell dafür ausgebildete Pädagogen, die mit entsprechenden Lehrmaterialien arbeiten sowie die ständige Erfolgskontrolle. Diese Arbeit erfolgt in sinnvoller Ergänzung zur Schule und im engen Zusammenwirken mit den Eltern, die in der Regel auch die Kosten dafür tragen.

Dr. Peter May zum Vergleich zwischen schulischer und außerschulischer Förderung:

Vergleicht man die Ergebnisse der Studie über den Fördererfolg in den LOS mit den Daten, die im Rahmen der Hamburger PLUS-Evaluation gewonnen wurden, so zeigt sich ein für die außerschulische Förderung positives Resultat: In diesem Vergleich schneiden die LOS-Schüler deutlich besser ab als die Schüler, die in der Schule für schulische Fördermaßnahmen vorgesehen waren. In beiden Systemen erfolgte zwar eine Förderung im Bereich Lesen und Schreiben, die Rahmenbedingungen sind allerdings durchaus unterschiedlich: Im LOS handelt es sich um mit den Eltern vertraglich vereinbarte Leistungen, die von speziell qualifizierten Pädagogen erbracht werden, in der Schule um ein Angebot, das häufig gar nicht zustande kommt (Stundenausfall z. B.) und nicht immer von dafür qualifizierten Lehrkräften durchgeführt wird.

Mit den Ergebnissen der LOS wird gezeigt, dass Bedingungen geschaffen werden können, die einen Lernerfolg sichern. Die LOS haben unter Beweis gestellt, dass dort die besseren Lernbedingungen herrschen, als sie gegenwärtig in der Schule vorhanden sind. Insofern haben die Eltern einen klaren Gradmesser. Wenn sie etwas für ihr Kind tun wollen, dann würde auch ich ihnen empfehlen, sie außerschulisch im LOS fördern zu lassen. (Aus: WORTSPIEGEL 01/02/2006)

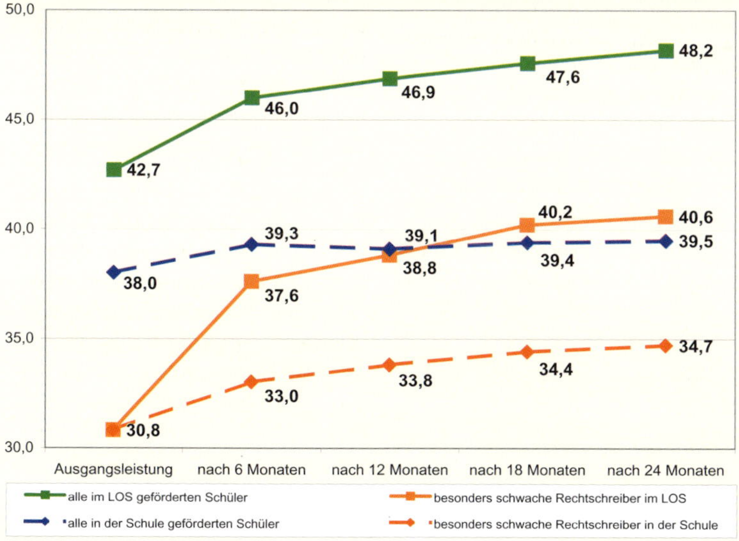

Untersuchungen der Wirksamkeit schulischen und außerschulischen Förderunterrichts

Ausgangsleistungen und Lernzuwachs bei Schülern mit Rechtschreibschwierigkeiten, die in der Schule bzw. in einem LOS gefördert wurden

Grafik aus: WORTSPIEGEL 01/02/2006)

Ist ein Gespräch mit der Lehrerin über die Probleme meines Kindes im Lesen und Schreiben ratsam?

Mit den Lehrern vertrauensvoll sprechen, sie über Lese- und Schreibprobleme informieren und über Fortschritte und Erfolge berichten.

Haben Sie anhaltende Schwierigkeiten beobachtet, dann ist das auch ein Signal für die Pädagogen, ihre Unterrichts- und Förderarbeit mit Blick auf Ihr Kind zu überdenken. Zögern Sie deshalb nicht, einen Termin mit dem Lehrer oder der Lehrerin Ihres Kindes zu vereinbaren, wenn Sie Rat und Hilfe suchen. Der Elternabend eignet sich nicht für individuelle Gespräche.

Bereiten Sie sich auf das Gespräch gründlich, möglichst schriftlich vor. Notieren Sie Ihre Fragen und Beobachtungen:

- Wie verläuft das Üben und Lernen zu Hause?
- Wie viel Zeit wird für die Hausaufgaben benötigt, mit welchem Zeitaufwand wird zusätzlich geübt?
- Wie ist das Lern- und Arbeitsverhalten Ihres Kindes, wie ist es motiviert? Ist es leicht ablenkbar?

Empfehlungen für das Gespräch selbst:

- Beginnen Sie das Gespräch mit positiven Erfahrungen (lobende Hefteintragungen, Klassenfahrt, usw.).
- Fragen Sie nach der Einschätzung der Lehrerin.
- Teilen Sie ihr Ihre Befürchtungen und Erwartungen und die Ihres Kindes mit.
- Bleiben Sie trotz Ihrer Sorgen stets ruhig und sachlich und bitten Sie die Lehrerin um Verständnis für die Probleme Ihres Kindes.
- Erbitten Sie Rat für das häusliche Üben.
- Fragen Sie nach konkreter Hilfe in der Schule und vereinbaren Sie diese möglichst gleich.

Ein solches informatives Gespräch über Ihre Beobachtung der Lernentwicklung Ihres Kindes hilft auch der Lehrerin oder dem Lehrer, ihre Tätigkeit zu überdenken und zu verbessern.

Sie werden ihre Ziele und Anforderungen überprüfen und dem aktuellen Leistungsstand und Lernverhalten des Kindes anpassen. Sie werden Ihrem Kind mit größerem Verständnis begegnen.

Wie wichtig ist eine gute Lehrer-Schüler-Beziehung?

Ein Kind, dem das Lesen und Schreiben schwer fällt, das fehlerhaft, stockend und langsam liest, das trotz Übens immer wieder viele Fehler macht, ist in der Regel schwer motivierbar und leicht ablenkbar. Die Lehrer-Schüler-Beziehung kann die Bereitschaft eines Kindes zu angestrengtem Lernen fördern, aber auch hemmen. Vielen Lehrern gelingt es, mit großem pädagogischen Geschick Kinder immer wieder zu bewundernswerter Leistungsbereitschaft zu motivieren, auch wenn Erfolge nicht sofort sichtbar werden. Ihre Zuwendung und das Interesse an den Sorgen und Freuden ihrer Schüler weckt Vertrauen.

Fühlt sich das Kind vom Lehrer verstanden und anerkannt, hat es Vertrauen zum Lehrer, wird es allmählich wieder Freude am Lernen gewinnen und Erfolg haben.

Fühlt sich das Kind – aus welchen Gründen auch immer – vom Lehrer benachteiligt oder ungerecht behandelt, kann es in seinen Anstrengungen nachlassen. Diese Gefahr besteht auch, wenn unter dem Diktat steht: „Du hast wieder nicht genug geübt!"

In diesem Falle sollten Eltern das Gespräch mit dem Lehrer suchen. Sie sollten den Lehrer auf die Probleme des Kindes aufmerksam machen und um Verständnis und Hilfe bitten. Aufmunternde, ermutigende Bemerkungen wie „Sei nicht traurig, du hast wieder eine 5, doch es sind schon 3 Fehler weniger!" können Wunder bewirken. Erich Kästner bezeichnete einmal die wichtigste Tugend des Pädagogen so: „Die wahre Geduld des Pädagogen setzt sich aus Verständnis, Humor und Beharrlichkeit zusammen."

Eine gute Lehrer-Schüler-Beziehung fördert die Leistungsbereitschaft Ihres Kindes, weckt trotz Schwierigkeiten Lernfreude.

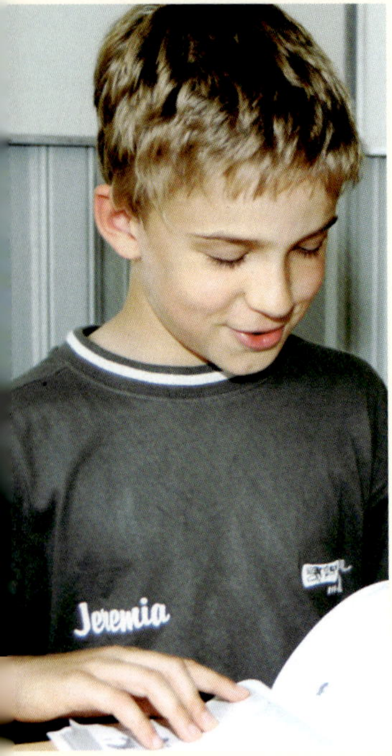

Mein Kind hat auch Probleme in Englisch, hat das etwas mit seiner Lese-/ Rechtschreibschwäche zu tun?

Englisch lernen heißt eine neue Sprache lernen, da sind andere Zugriffsweisen als im Deutschunterricht gefragt.

Tatsache ist, dass Kinder mit Lese-/Rechtschreibschwäche oft auch Probleme beim Erlernen von Fremdsprachen haben, es ist aber nicht zwangsläufig so. Auch gibt es zwischen dem Erlernen des **richtigen Schreibens** im Deutschen einen wesentlichen Unterschied zum Erlernen der Schreibung in einer Fremdsprache. Während in der Muttersprache vorausgesetzt werden kann, dass die Kinder diese in ihrer mündlichen Ausprägung im Vorschulalter in der Familie mehr oder weniger gut automatisch gelernt haben und über einen entsprechenden Wortschatz verfügen, fehlen diese Voraussetzungen in der Fremdsprache zunächst vollkommen. Es muss deshalb vor allem zuerst die **Sprache** gelernt werden. Das ist mit dem Lernen von Vokabeln, dem Erfassen der Laute der Sprache und ihrer schriftlichen Umsetzung verbunden.

Die Aussprache und die Orthographie der fremdsprachlichen Wörter, die Satzbildung und andere grammatische Erscheinungen folgen anderen Regeln und Prinzipien. Nur ein Beispiel: Im Deutschen wird das lang gesprochene **i** als **i**, **ie** oder **ih** geschrieben. Im Englischen wird ein langes **i** in anderen Varianten verschriftet: „**tree, me, Keith, meat**". Lediglich das kurze **i** wie in **kiss** wird so geschrieben wie im Deutschen.

Kinder, die Schwierigkeiten haben, aus gehörten Lauten die richtigen Buchstaben zu schreiben, haben möglicherweise gleiche Probleme im Deutschen wie im Englischen. Auch wenn sie bereits über den entsprechenden Wortschatz in der Fremdsprache verfügen, müssen sie zusätzlich erfassen, dass sie im Deutschen für einen gehörten Laut andere Buchstaben schreiben müssen als im Englischen. Das ist eine hohe Anforderung, die nicht alle Kinder gleich gut meistern können. Auch eine pädagogische Therapie bei LRS im Deutschen verbessert nicht automatisch die Leistungen in den Fremdsprachen.

Sie sollten deshalb unbedingt Rat bei Experten suchen und auch bei der Wahl der Schulform genau überlegen, welche neuen Fremdsprachenanforderungen auf Ihr Kind zukommen. Halten die Schwierigkeiten auch in der Fremdsprache an, bedarf es eines zusätzlichen speziellen Trainings in der Fremdsprache. Dieses kann wiederum nicht die pädagogische Therapie bei LRS ersetzen.

Die Deutschlehrerin unseres Kindes hat Vorbehalte gegenüber einer privaten Förderung. Das macht mich unsicher.

Es ist leider so: Es gibt Lehrer und Lehrerinnen, die Vorbehalte gegenüber privaten Fördereinrichtungen haben. Dafür gibt es mehrere Gründe. Nicht selten sehen sie eine solche Einrichtung als eine Art Konkurrenz oder gar als Kritik an ihrer Arbeit an. Dabei haben sie in der Schule gar nicht die Bedingungen, um jedem Kind optimal helfen zu können. Die Schule gerät in der überlieferten Form und der herkömmlichen Ausstattung in personeller, sachlicher und organisatorischer Hinsicht oft an ihre Grenzen.

Andererseits sind ihre Vorbehalte nicht ganz unbegründet, wenn man die Vielzahl unterschiedlicher Hilfsangebote, die in der Öffentlichkeit präsentiert werden, kritisch betrachtet. Da ist tatsächlich Vorsicht geboten, vor allem, wenn schnelle Hilfe versprochen wird bzw. wenn manche Verfahren als wahre Wundermittel propagiert werden.

Richtig und wichtig ist es daher, rechtzeitig eine Fördereinrichtung zu wählen, die sich auf eine lerntheoretisch gestützte Vorgehensweise konzentriert, die in sinnvoller Ergänzung zur Schule und im engen Zusammenwirken mit den Eltern seit vielen Jahren erfolgreich arbeitet und viele Erfahrungen in der pädagogischen Therapie der Lese-/Rechtschreibschwäche gesammelt hat. Der Förderunterricht in einer solchen Einrichtung wird von geschulten Pädagogen durchgeführt, die sich ständig weiterbilden, um auf dem neuesten Stand der Wissenschaft zu sein.

Voraussetzungen für eine erfolgreiche Förderung sind:

- Eine gründliche Erfassung des Lernstandes (Test) und des Lernverhaltens (Beobachtung und Befragung) zu Beginn und im weiteren Verlauf der Förderung,
- ein Förderunterricht, der mit erprobten Methoden und Lehrmaterialien erfolgt, sich ausschließlich auf die Lese- und Schreibprozesse konzentriert und hinreichend intensiv und über einen längeren Zeitraum durchgeführt wird,
- Pädagogen, die betroffenen Kindern durch entsprechende Hilfestellungen Erfolge ermöglichen und bewusst machen, Vertrauen in die eigene Fähigkeit wecken, damit die Lernmotivation dauerhaft fördern und so zur Stabilisierung der Persönlichkeit beitragen.

Lehrer fassen private Fördereinrichtungen oft als Kritik an ihrer Arbeit auf und haben deshalb nicht selten Vorbehalte. Eine private Förderung ist aber eine sinnvolle Ergänzung der Bemühungen der Schule.

Mein Kind leidet unter ADHS – kann es da schon eine pädagogische LRS-Therapie beginnen?

Begleitsymptome einer LRS müssen möglicherweise gesondert therapiert werden, Lesen und Schreiben muss trotzdem gelernt werden.

Nicht selten haben lese- und rechtschreibschwache Kinder zusätzlich psychische Probleme und leiden an Verhaltensstörungen.

Häufig beobachten Eltern, dass ihr Kind Angst hat vor Diktaten oder vor dem Vorlesen in der Schule, auch Bauch- und Kopfschmerzen sowie Schlafstörungen können auftreten. Einige Kinder werden mutlos und traurig, andere werden impulsiv, unruhig und aggressiv.

Ihr Kind hat es besonders schwer, denn ADHS, das Aufmerksamkeits-Defizit-Hyperaktivitäts-Syndrom, zeigt sich in leichter Ablenkbarkeit, Unaufmerksamkeit, Impulsivität, Frustration, aber auch in Verträumtheit sowie in geistiger Abwesenheit. Diese Verhaltensweisen sind bei den einzelnen Kindern natürlich unterschiedlich ausgeprägt, doch sie können das Lernverhalten, das Sozialverhalten und damit die gesamte Entwicklung negativ beeinflussen.

Es ist nicht sicher, ob Aufmerksamkeitsstörungen Ursache oder Folge einer Lese-/Rechtschreibschwäche sind oder ob Kinder mit beidem belastet sind. In jedem Fall brauchen diese Kinder viel Verständnis, Liebe, Geduld und Zuspruch.

Suchen Sie für Ihr Kind eine außerschulische Förderung und erkundigen Sie sich, ob diese Einrichtung mit Fachleuten aus medizinischen und psychiatrischen Bereichen zusammenarbeitet. Beginnen Sie ruhig mit einer pädagogischen Therapie gegen die Lese- und Schreibprobleme. Die pädagogische Arbeit in einer Fördergruppe muss dabei so strukturiert sein, dass sie Ihrem mit ADHS belasteten Kind Rechnung trägt.

Bei stark beeinträchtigter Aufmerksamkeitsstörung und massiven Verhaltensauffälligkeiten kann eine psychiatrisch/psychotherapeutische Abklärung und die Einleitung einer entsprechenden Behandlung erforderlich sein.

Das ist dann die Voraussetzung für die Fortsetzung einer erfolgreichen pädagogischen Therapie, die der Verbesserung der Leistungen im Lesen und Schreiben dient. Die bereits erwähnte Studie der Potsdamer Wissenschaftler hat ermittelt, dass sich unter dem Einfluss der pädagogischen Therapie im LOS auch die Verhaltensauffälligkeiten vermindern.

Ich möchte noch mehr zum Thema Lese-/Rechtschreibschwäche und ihrer Überwindung erfahren, was empfehlen Sie?

WORTSPIEGEL

trainmedia GmbH
Medien- und Verlagsgesellschaft

In der Zeitschrift WORTSPIEGEL, die auch von trainmedia herausgegeben wird, finden Sie viele grundlegende Artikel zur Lese-/Rechtschreibschwäche (LRS) und ihrer Überwindung. Der WORTSPIEGEL wendet sich an Pädagogen, Ärzte, Psychologen, Journalisten und andere Fachleute sowie an interessierte Eltern, die Kindern helfen wollen, ihre Probleme beim Lesen und Schreiben zu überwinden. Er publiziert Erkenntnisse und Erfahrungen, wie mit Hilfe einer pädagogischen Therapie Kindern besonders wirksam geholfen werden kann. Diese Fachzeitschrift erscheint zweimal im Jahr, jeweils Anfang März bzw. Anfang September. Sie kann im Abonnement bezogen werden.

ISSN 1434-7199
Preis: 3,85 EUR
Abo: 7,65 EUR (2 Ausgaben im Jahr)

WORTSPIEGEL 3/4/2004

Dr. Peter May: Aspekte lernförderlichen Unterrichts aus der Sicht der empirischen Forschung

Petra Gerster: Medien, Familienleben, Lesen und Schreiben

WORTSPIEGEL 3/4/2005

Offener Brief von Pädagogen an einen Mediziner

Wege zur Lesekompetenz

WORTSPIEGEL 1/2/2006

Private außerschulische Förderung sehr erfolgreich

Ergebnisse wissenschaftlicher Studien zum Fördererfolg im LOS

Genforschung und LRS

Schreiben ist mehr als Rechtschreiben

WORTSPIEGEL-Dossier

Diagnose und Therapie der Lese-/Rechtschreibschwäche

Autoren: Günter Esser, Peter May, Kurt Meiers, Gastbeiträge u. a. von: Helmut Breuer, Wolfgang Schneider, Waldemar von Suchodoletz, Ralph Weigt

Bestellungen über www.trainmedia.de/shop oder Tel. 030 65498436

WISSENSCHAFT UND PRAXIS

In der Reihe WISSENSCHAFT und PRAXIS des Verlags trainmedia erläutern Wissenschaftler und praxiserfahrene Pädagogen wesentliche Aspekte eines erfolgreichen Förderunterrichts bei Lese-/Rechtschreibschwäche, in dessen Mittelpunkt Lesen und Schreiben steht.

Kurt Meiers
Schrift gebrauchen lernen – ein schwieriger Prozess!?
ISBN 3-933699-04-5
5,10 EUR

Der Autor erläutert, dass die Aneignung der Schriftsprache durch Kinder eine große geistige Leistung darstellt und unterbreitet Vorschläge für einen erfolgreichen Förderunterricht.

Günter Esser/Anne Wyschkon
Erscheinungsformen der Lese-/Rechtschreibschwäche
ISBN 3-933699-08-8
5,10 EUR

Es werden Erscheinungsformen, Ursachen und Prognose der LRS erläutert sowie Wege einer erfolgreichen Therapie gewiesen.

Kinder wollen lernen
Ihre Motivation fördern und erhalten
ISBN 3-933699-17-7
5,10 EUR

Sammelband mit Arbeiten u. a. von bekannten Motivationsforschern wie Prof. Dr. Falko Rheinberg, Prof. Dr. Walter Edelmann sowie dem Motivationstrainer Clemens Maria Mohr.

Helmut Breuer
LRS schon in der Schultüte?
ISBN 3-933699-27-4
6,30 EUR

Der Autor erläutert Tests zur Bestimmung der Lernvoraussetzungen in der Schule wie die Differenzierungsprobe nach Breuer/Weuffen und das Kurzverfahren zur Bestimmung des lautsprachlichen Niveaus von Kindern. Ein leidenschaftliches Plädoyer für eine frühe Förderung, um schulisches Versagen zu verhindern.

Andrea Schneider, Sabine Lange, Dagmar Berwanger
Lese-/Rechtschreibschwäche – (k)ein Problem der Wahrnehmung?
ISBN 3-933699-26-6
6,30 EUR

Der streitbare Band vereint wissenschaftliche Arbeiten der Autorinnen, für die sie mit dem Preis für Nachwuchswissenschaftler des wissenschaftlichen Beirats der LOS ausgezeichnet wurden.

Kurt Meiers
Wege zur Lesekompetenz
ISBN 3-933699-22-3
10,20 EUR (illustr.) CD-ROM mit Kopiervorlagen: 3,00 EUR

Systematische Erläuterung von Operationen zur Lesekompetenz anhand von gut begründeten Beispielen. Über 50 Kopiervorlagen im Buch. Diese sind auf gesonderter CD-ROM zum Ausdrucken erhältlich.

trainmedia GmbH
Medien- und Verlagsgesellschaft

Bestellungen über www.trainmedia.de/shop oder Tel. 030 65498436

Anlage

Pädagogische Therapie der Lese-/Rechtschreibschwäche

Positionspapier

Vom wissenschaftlichen Beirat der LOS erarbeitet
und am 01.02.2004 verabschiedet.

Die Autoren des Positionspapiers

Prof. Dr. Günter Esser

Institut für Klinische Psychologie/Psychotherapie der Universität Potsdam

Er ist seit 1973 in der Kinder- und Jugendpsychiatrie tätig. Viele Jahre leitete er die Arbeitsgruppe Neuropsychologie des Kinder- und Jugendalters am Zentralinstitut für Seelische Gesundheit in Mannheim. Seit 1996 ist er Professor für Klinische Psychologie und Psychotherapie an der Universität Potsdam.

Dr. Peter May

Autor der Deutschen Schreibprobe sowie der Hamburger Schreib- und Leseprobe

Er beschäftigt sich seit 1982 mit Fragen des Schriftspracherwerbs und der Lernschwierigkeiten beim Lesen und Schreiben. Viele Jahre arbeitete er als Lehrer an Haupt- und Realschulen und als Schulpsychologe. Von 1994 – 2000 begleitete er das Projekt „Lesen und Schreiben für alle" wissenschaftlich. Zurzeit leitet er das Referat „Standardsicherung und Testentwicklung" im Landesinstitut für Lehrerbildung und Schulentwicklung Hamburg.

Prof. Dr. Kurt Meiers

Schulpädagoge und Lesedidaktiker

Er war viele Jahre als Grund- und Hauptschullehrer tätig, bevor er 1964 als wissenschaftlicher Assistent an die Pädagogische Hochschule Saarbrücken wechselte. Seit 1970 arbeitete er als Dozent und Professor für Schulpädagogik an den Pädagogischen Hochschulen in Reutlingen und Ludwigsburg. Durch seine zahlreichen Publikationen und Vorträge ist er auch über die Grenzen Deutschlands hinaus als Experte für Fragen des Lesen- und Schreibenlernens bekannt.

Neben den genannten Wissenschaftlern gehören dem wissenschaftlichen Beirat ein Vertreter des LOS-Verbundes sowie zwei gewählte LOS-Institutsleiter an. Der wissenschaftliche Beirat berät die LOS in Fragen der Förderstrategie. Schwerpunkte der bisherigen Tätigkeit waren die Diagnose der Lese-/Rechtschreibschwäche mit Hilfe von standardisierten Testverfahren. Eine wissenschaftliche Studie zum Erfolg der pädagogischen Therapie der Lese-/Rechtschreibschwäche wurde im Januar 2006 veröffentlicht.

Mehr persönliche Lebensqualität und bessere Lebenschancen durch verbesserte Schriftsprachkompetenz

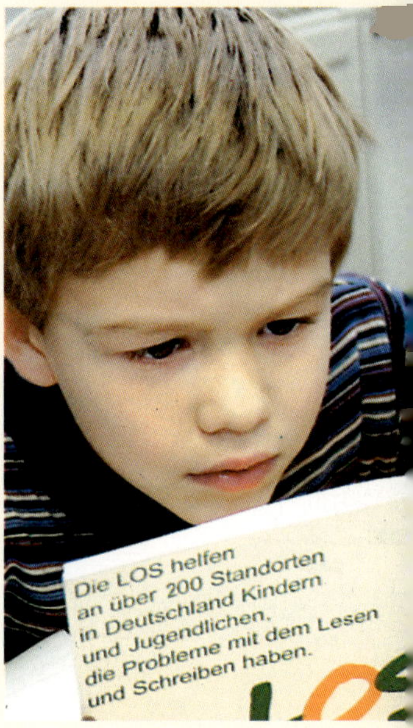

Pädagogische Therapie der Lese-/Rechtschreibschwäche

Vom wissenschaftlichen Beirat der LOS erarbeitet und am 01.02.2004 verabschiedet. Dem wissenschaftlichen Beirat der LOS gehören an: Prof. Dr. Günter Esser (Potsdam), Dr. Peter May (Hamburg), Prof. Dr. Kurt Meiers (Immenstadt), zwei gewählte LOS-Leiter sowie ein Vertreter des LOS-Verbundes

Gliederung

1. Gesellschaftliche Bedeutung außerschulischer Förderung

Bildung und Ausbildung ihrer Kinder sind für Eltern ein zentrales Thema. Sich andeutende Gefährdungen des Bildungszieles ihres Kindes werden von den Eltern aufmerksam registriert.

Diese umfassende elterliche Fürsorge hat entscheidend dazu beigetragen, dass die außerschulische Förderung von Kindern seit ca. 30 Jahren auf allen Gebieten rasant zugenommen hat. Besonders auf den Gebieten der Musik, der Kunst und des Sports sind Institutionen und Programme für die private Förderung fest etabliert. Generell drückt sich darin die gesellschaftliche Einsicht aus, Kinder und Jugendliche ergänzend zu den schulischen Bildungsmöglichkeiten zu fördern. Insofern ist auch die außerschulische Förderung von Kindern und Jugendlichen mit Lese-/Rechtschreibschwierigkeiten keine aus dem Rahmen fallende Sondererscheinung.

Hinter allen Förderaktivitäten, die den Kindern mit Schwierigkeiten auf diesem Gebiet helfen wollen, steht das Ziel, ihre individuelle Entwicklung insgesamt zu unterstützen und damit ihre Möglichkeiten zu steigern, ein vollwertiges Mitglied der Gesellschaft und eine in sich gefestigte Persönlichkeit zu werden. Das übergeordnete Ziel der speziellen Förderung im Bereich des Schriftspracherwerbs ist:

Mehr persönliche Lebensqualität und bessere Lebenschancen durch verbesserte Schriftsprachkompetenz.

2. Notwendigkeit einer pädagogischen Therapie

Dem Erwerb der Schriftsprachkompetenz kommt eine hohe und aus mehreren Gründen in der Zukunft noch steigende Bedeutung zu.

Die Abnahme der „bloß handwerklichen" Tätigkeiten und die gleichzeitige Ausweitung und Aufwertung des Sektors Dienstleistung erhöht die Notwendigkeit einer differenzierten Schriftsprachbeherrschung für immer mehr Bereiche des öffentlichen und beruflichen Lebens.

Diese Verlagerung hat zur Folge, dass die Beherrschung der Sprache in Wort und Schrift für immer größere Teile der jugendlichen Bevölkerung zu einem Element wird, das über ihren beruflichen Erfolg wesentlich mit entscheidet.

Bereits in der Grundschule wird allen Eltern und z. T. auch Kindern deutlich, dass eine gute Beurteilung im Fach Deutsch die Voraussetzung für den Übertritt in weiterführende Schulen ist. Alle Eltern sind deshalb an guten Kenntnissen ihrer Kinder im schriftsprachlichen Bereich interessiert und verfolgen aufmerksam die Leistungen im Fach Deutsch.

Neben der Voraussetzung für den Einstieg in eine höherwertige Schullaufbahn ist eine gute Deutschnote mit einem erheblichen Prestigegewinn verknüpft. Dieser hat eine unmittelbare Wirkung auf die seelische Gesundheit der Kinder.[1]

Mit den gestiegenen Erwartungen hinsichtlich der Beherrschung der Sprache in Wort und Schrift stößt die Schule in der überlieferten Form und der herkömmlichen Ausstattung bei vielen Kindern mit Lese-/Rechtschreibschwierigkeiten an ihre Grenzen. Den real vorhandenen Bildungsbedarf suchen die Eltern auf anderen Wegen zu befriedigen.

Zahlreiche Forschungsergebnisse zeigen, dass ein fließender Übergang besteht zwischen der schweren Form der Beeinträchtigung der Schriftsprachentwicklung, wie sie in der Definition ICD-10 der WHO als „Lese-/ Rechtschreibstörung" bezeichnet wird[2] und leichteren Formen der Beeinträchtigung, die üblicherweise mit dem Sammelbegriff „Lese-/Rechtschreibschwäche" belegt sind.[3] Im Folgenden wird der Begriff LESE- /RECHTSCHREIBSCHWÄCHE (LRS) umfassend verwendet. Er steht für jede Form von Schwierigkeiten bei der Aneignung der Fähigkeit, Schrift lesend und schreibend kompetent zu gebrauchen. Diese Schwierigkeiten können entwicklungsbedingt sein oder auf Störungen im organischen und/oder psychischen Bereich zurückgehen. Fehlerhafte Didaktik – auch gut gemeinte, aber falsche Instruktionen von Eltern – können zu Schwierigkeiten führen. In jedem Falle wirkt sich die jeweilige Symptomatik dahingehend aus, dass die Leistungen im Lesen und/oder Schreiben hinter den Möglichkeiten der Betroffenen zurückbleiben.

Deshalb sollten Kinder mit Schwierigkeiten im Lesen und Schreiben eine pädagogische Therapie erhalten.[4]

3. Kennzeichen der pädagogischen Therapie

Pädagogische Therapie ersetzt nicht die elementare Vermittlung der schriftsprachlichen Fertigkeiten durch schulischen Unterricht. Sie setzt die Bemühungen der Schule dort fort und ergänzt diese an der Stelle, wo aufgrund individueller Voraussetzungen und/oder institutioneller Bedingungen der Lernerfolg gefährdet oder das Erreichen persönlich bedeutsamer Lernziele nicht ohne erhebliche Schwierigkeiten möglich ist.

Pädagogische Therapie richtet sich im Unterschied zur klinisch-psychologischen Therapie nicht in erster Linie auf die Veränderung der Persönlichkeit, sondern auf den Erwerb des Lesens und Schreibens als spezifische Fertigkeiten.

Im Gegensatz zum Nachhilfeunterricht gründet sich die pädagogische Therapie auf anerkannte und wissenschaftlich erprobte Methoden und Materialien, die einen wirksamen Beitrag zum schriftsprachlichen Lernen leisten und die auf der Grundlage einer umfassenden Diagnose eine individuelle Förderung ermöglichen.

4. Primärsymptomatik und ihre Behandlung

Die Förderung bei Lese-/Rechtschreibschwäche (LRS) sollte „auf die symptomorientierten Verfahren aufbauen, die sich an dem Schriftspracherwerbsmodell orientieren. Hierzu liegen international Wirksamkeitsstudien vor", während die Effizienz „der Förderung von basalen Wahrnehmungsfunktionen bei der Lese-/Rechtschreibstörung kaum untersucht ist und keine Wirkung zeigt."[5]

Das heißt: Notwendig ist eine pädagogische Therapie, die nahe an der Schriftsprache geführt wird und vornehmlich Prozesse des Lesens und Rechtschreibens fördert. Um einen deutlichen Therapieeffekt zu erzielen, muss sie zudem langfristig durchgeführt werden.

Die Auffassung, dass es fließende Übergänge von schweren Störungen bis hin zum normalen Schriftspracherwerb gibt, hat zur Konsequenz, dass die Primärsymptome der LRS als noch nicht vollzogene Lernschritte im Schriftspracherwerb aufgefasst werden müssen. Diese Perspektive eröffnet den wesentlichen Zugang für Diagnose und Förderung auf der Grundlage der Erkenntnisse über den üblichen Verlauf des Schriftspracherwerbs beim Kind.

Die Elemente und Lernschritte des Schriftspracherwerbs sind vielfach beschrieben und im Wesentlichen nicht mehr Gegenstand kontroverser Diskussion. Beginnend mit der Vorform der logographemischen Strategie entfalten sich alphabetische, orthographische, morphematische und wortübergreifende Rechtschreibstrategien im Laufe des normalerweise durch den schulischen Unterricht angeleiteten Erwerbs der Schriftsprache durch das Kind.[6] Beim Lesen sind zudem Verstehensleistungen gefordert, deren wichtigste Grundlagen das Wissen um die Merkmale unserer Buchstabenschrift, ein breit gefächerter Wortschatz und Dekodierstrategien sind (s. auch Pkt. 4.2).[7]

4.1 Diagnose

Vor Beginn einer pädagogischen Therapie muss festgestellt werden, welcher Art die Schwierigkeiten im Schriftspracherwerb sind. Im Rahmen eines Förderkonzeptes sollte jede Diagnose Art und Umfang der Fördertätigkeit sachlich begründen. Sie ermittelt den augenblicklichen Könnensstand, geht also vom Positiven aus, und legt fest, was die zu Fördernden als Nächstes lernen sollen. Als Verlaufsdiagnostik zeigt sie den Lernenden ihre Fortschritte. Diese Rückmeldung ist eine wertvolle pädagogische Maßnahme, die eine sachlich begründete Selbsteinschätzung der Lernenden begünstigt und die Motivation steigern kann.

Grundlage der Ermittlung des augenblicklichen Lern- und Leistungsstandes sind die Ergebnisse aus standardisierten und informellen Testverfahren, einer Anamnese sowie aus Beobachtungen während des Unterrichts. Dabei sind neben populationsbezogenen in erster Linie individuelle Bezugsnormen anzulegen, d. h., die Leistung ist stets auch mit der vorher erbrachten zu vergleichen.

4.1.1 Die Ermittlung des Lern- und Leistungsstandes im Lesen und Rechtschreiben

Hierzu sollten standardisierte und informelle Testverfahren eingesetzt werden. Es muss sich dabei um Tests handeln, die die verschiedenen Komponenten der Lesekompetenz (z. B. artikulatorische Genauigkeit, Geschwindigkeit, Sinnverständnis, Selbstkontrolle) und die verschiedenen Entwicklungsstufen der Rechtschreibkompetenz erfassen.[8]

Im Rahmen eines pädagogisch orientierten Förderkonzeptes kommt dem Lehr-Lern-Dialog eine besondere Bedeutung zu, weil er Einblick gibt in die Lernprozesse der Schüler und damit ihre metakognitiven Fähigkeiten sichtbar werden lässt.

4.1.2 Die Erfassung des Lern- und Arbeitsverhaltens sowie des Selbstkonzeptes des Kindes

Wichtig für den Einstieg in die Förderung und einen positiven Verlauf ist zu wissen, wie das Kind selbst zum Lernen und Arbeiten steht, welches Selbstbild sein Verhalten prägt, welche Stärken es hat und wie es um seine Motivation bestellt ist. Die Ermittlung dieser Faktoren sollte im Dialog mit den zu Fördernden selbst sowie den Eltern und Klassen- bzw. Deutschlehrern erfolgen. Sie ist eine wertvolle Ergänzung der Testergebnisse und erstreckt sich hauptsächlich auf beobachtete Merkmale und Erscheinungsformen, die die Entwicklung des Lesens und Schreibens in der Vergangenheit beeinflusst haben und gegenwärtig fördern oder hemmen.

In besonderen Fällen ist eine ausführliche Erhebung der schulischen und vorschulischen Lerngeschichte angezeigt. Sie gibt Hinweise auf allgemeine Entwicklungsrückstände, Störungen der Aufmerksamkeit, andere umschriebene Entwicklungsstörungen, Förderdefizite sowie Verhaltens- und emotionale Probleme. Das Vorliegen entsprechender Auffälligkeiten ist Indikation zur weiteren Abklärung durch andere Fachleute.

Die so ermittelten gesamten Ergebnisse (4.1.1 und 4.1.2) sind nach entsprechender Aufbereitung und Interpretation die Entscheidungsgrundlage für die praktische Förderarbeit.

4.2 Förderung durch kleinschrittige, am Leistungsstand orientierte Lernangebote

Kinder mit Problemen beim Schriftspracherwerb benötigen eine kleinschrittigere, differenziertere Förderung ihrer Schriftsprachkompetenz als sie im Regelunterricht üblicherweise durchgeführt werden kann.

Sie versteht sich als ein systematisches Training, das sich an den zwingend notwendigen Lernschritten zum Erwerb der Schriftsprache orientiert.

Die jeweilige Beherrschung der alphabetischen, orthographischen und morphematischen Rechtschreibstrategien liefert einen wesentlichen Hinweis auf den therapeutischen Ausgangspunkt.

Die Strukturierung der Unterrichtsmaterialien und das Vorgehen im Unterricht müssen in ihrer Systematik den aktuellen linguistischen und psycholinguistischen Erkenntnissen über den Schriftspracherwerb folgen. Sie sollten dem Schüler durch das handelnde Vollziehen der schriftsprachlichen Strukturen in überschaubaren Lernschritten mit vielfältigen Wiederholungen unter den Bedingungen des unmittelbaren Feedbacks das Erfassen und die Internalisierung dieser Strukturen ermöglichen.

Im Einzelnen betrifft dies den **Zusammenhang von Schrift und Sprache** und die **Voraussetzungen zum erfolgreichen Schriftspracherwerb**.

Schrift und Sprache

Es geht um den Zusammenhang der in unserer (Buchstaben-Laut)-Schrift verwendeten Zeichen (Buchstaben, Satzzeichen), sonstigen Merkmale wie Richtung, Wortabstand, orthographische Regeln und auch um die in der Sprache vorhandenen, aber in der Schrift nicht markierten prosodischen Elemente wie Betonung, Lautstärke, Intonation, Gefühlsqualität. In ihrer Gesamtheit bilden diese Zusammenhänge den Lerngegenstand „Schriftsprache". Zu seiner Aneignung sind spezifische geistige Prozesse aufzubauen, die für den Gebrauch der gesprochenen Sprache noch nicht notwendig waren.

Voraussetzungen zum erfolgreichen Schriftspracherwerb

Die Kenntnis des Lerngegenstandes ist die sachliche Basis für die Frage nach den Voraussetzungen für den Schriftspracherwerb.

Fähigkeiten wie z. B. Sprache, Denken, Symbolverständnis, Artikulation, elementares Wissen um die Funktion der Schrift, mündliches Kommunizieren werden im vorschulischen Alter ohne speziellen Unterricht erworben. Sie sind für alle Lernprozesse relevant, für den Schriftspracherwerb unverzichtbar.[9]

Weitere allgemeine Bedingungen, die jedes Lernen beeinflussen, sind das Selbstbild des Lernenden, sein Lern- und Arbeitsverhalten, wie es sich in der Beherrschung von Lern- und Arbeitstechniken, in der Fähigkeit, angemessene Lernstrategien zu entwickeln, und in Konzentration und Ausdauer zeigt.

Spezifische Voraussetzungen für den Schriftspracherwerb sind nach heutigen Erkenntnissen folgende Bereiche:

- Sprachbewusstheit entwickeln und grammatische Begriffe verstehen,
- die Fähigkeit zur Identifikation und Diskrimination von Lauten (phonologische Bewusstheit) und Zeichen erwerben,
- die Komplexität der Buchstaben-Laut-Beziehungen erfassen,
- die Sinnsuche als Steuerungsinstrument beim Lesen (Textverstehen) einsetzen lernen,
- die auf verschiedenen Ebenen angesiedelten Rechtschreibphänomene erkennen und deren Regelhaftigkeiten beachten.

Die neu zu erwerbenden Prozesse sollen im Wesentlichen mittels der Sprache eingeleitet, begrifflich gefestigt und geübt werden, so dass sie schließlich das schriftsprachliche Handeln metakognitiv zu steuern vermögen.

Die Parameter zur Festlegung individuell ausgerichteter Ziele in der Förderarbeit sind die Erkenntnisse über die Gesamtheit der einzelnen Prozesse beim Schriftspracherwerb und die Sequenzen ihrer Aneignung, wie sie in der Forschung erarbeitet wurden und anerkannt sind.

Die oben genannten Voraussetzungen zum Schriftspracherwerb haben alle eine somatische Basis. Mängel in diesem Bereich beeinträchtigen den Lernprozess oder lassen ihn sogar unmöglich werden. Mögliche Beeinträchtigungen der Hirnfunktionen oder der Sinnesorgane erfordern eine frühzeitige Hinzuziehung von Fachleuten wie Neurologen, Psychologen, Augen- und Hals-Nasen-Ohren-Ärzten, Logopäden u. a.

5. Motivation

Auf Grund der erfahrenen Schwierigkeiten und der damit verbundenen Frustrationen ist bei einem Teil der Schüler die Motivation zum Schriftgebrauch stark gefährdet. Sie bedarf deshalb einer besonderen Aufmerksamkeit.[10]

Auf der Grundlage des derzeitigen Erkenntnisstandes wirken sich folgende Rahmenbedingungen auf die Motivation positiv aus:

- die Bildung leistungshomogener Gruppen,
- eine regelmäßig durchgeführte und zeitlich angemessen intensive Therapie,
- eine von Vertrauen und gegenseitiger Achtung geprägte Interaktion,
- die Orientierung der Anforderungen am aktuellen Lernstand des Schülers,
- Lob und Anerkennung seiner Bemühungen und das Aufzeigen seiner Lernfortschritte,
- die lernanregende Raumgestaltung[11],

- die Konstanthaltung der Lernzeiten und der Unterrichtsabläufe,
- die Verständlichkeit und Einfachheit der Handhabung der Lernmaterialien,
- der Einsatz vielfältiger Medien,
- die auf die spezifische Schwierigkeit bezogene Aufgabenstellung,
- das Verweilen bei einer Aufgabe bis zur Automatisierung ihrer Lösungsschritte,
- eine langfristig angelegte Therapie mit regelmäßiger Analyse der Lernprozesse und Überprüfung der Lernfortschritte.

Neben diesen Rahmenbedingungen ist die Gesamtheit der didaktischen Maßnahmen relevant. Sie umfasst mehrere Dimensionen und ist immer auf den Unterrichtsgegenstand Lesen und Schreiben zu beziehen.

6. Begleitsymptomatik und ihre Behandlung

In nicht wenigen Fällen ergeben sich – mit unterschiedlichem Ausprägungsgrad – Begleitsymptome, die die Behebung der Primärsymptome beim Schriftspracherwerb erschweren. Darauf weist auch die Weltgesundheitsorganisation hin, wenn sie sagt: „Begleitende emotionale und Verhaltensstörungen sind ebenfalls während des Schulalters vorhanden. Emotionale Probleme kommen häufiger während der frühen Schulzeit vor, Störungen des Sozialverhaltens und Hyperaktivitätssyndrome treten eher in der späteren Kindheit und in der Adoleszenz auf. Ein niedriges Selbstbewusstsein ist häufig, ebenso wie Anpassungsprobleme in der Schule und in der Beziehung zu Gleichaltrigen."[12]

Derartige Begleitsymptome finden sich bei etwa der Hälfte der Kinder mit umschriebener Lese-/Rechtschreibstörung.[13] Es liegt auf der Hand, dass eine erfolgreiche Behandlung der primären Schriftsprachproblematik die Reduzierung oder Beseitigung begleitender Symptome im Bereich des Selbsterlebens und/oder Verhaltens parallel betreiben muss. Es werden hierfür u. a. die Effekte genutzt, die aus den unter Punkt 5 genannten Maßnahmen resultieren.

Eine massive Ausprägung von Verhaltsauffälligkeiten oder Aufmerksamkeitsstörungen erschwert in einigen Fällen die Förderung in der Gruppe. In diesem Falle sind neben der pädagogischen Therapie der Lese-/Rechtschreibschwierigkeiten weitere diagnostische und therapeutische Maßnahmen angezeigt. Bei beeinträchtigter Aufmerksamkeit, starken emotionalen oder Verhaltensauffälligkeiten kann eine psychiatrisch/psychotherapeutische Abklärung sowie die Einleitung einer entsprechenden Behandlung als Voraussetzung für eine erfolgreiche pädagogische Therapie von LRS erforderlich sein.

Schlussbemerkung

Bei aller Wichtigkeit spezieller Therapien sollte stets die gesamte Persönlichkeitsentwicklung junger Menschen im Blickpunkt stehen. Den kommunikativen Kompetenzen in Wort und Schrift kommt dabei für die Teilhabe am beruflichen und gesellschaftlichen Leben eine zentrale Funktion zu. Außerschulische Institutionen, die diese hier formulierten Ansprüche an eine pädagogische Therapie bei Lese-/Rechtschreibschwäche erfüllen, erbringen deshalb eine dreifache Leistung:

- **Eltern helfen sie bei der Bewältigung ihres Bildungs- und Erziehungsauftrags.**
- **Für die betroffenen Kinder leisten sie einen Beitrag zur Kompetenzsteigerung und seelischen Entlastung.**
- **Gesamtgesellschaftlich tragen sie durch Begrenzung der Aussonderung zur Sozialhygiene und zum sozialen Frieden bei.**

Fußnoten

[1] Vgl. z. B. Legasthenie-Erlass von Bayern vom 16.11.1999.
Quelle: www.schulberatung.bayern.de/lleg.htm

[2] Internationale Klassifikation der Krankheiten, ICD-10-GM 2005, F 81.0, S. 209-210.
Quelle: www.dimdi.de/dynamic/de/klassi/download/index.html

[3] SCHEERER-NEUMANN, G.: Zum Begriff der Lese-Rechtschreibschwäche in: BALHORN, H./BARTNITZKY, H./BÜCHNER, I./SPECK-HAMDAN, A. (Hrsg.): Sprachliches Handeln in der Grundschule. Frankfurt: 2002, S. 41-53

[4] ESSER, G./WYSCHKON, A./SCHMIDT, M. H.: Was wird aus Achtjährigen mit einer Lese- und Rechtschreibstörung – Ergebnisse im Alter von 25 Jahren. Zeitschrift Klinische Psychologie Psychiatrie Psychotherapie 2002, 31

[5] SCHULTE-KÖRNE, G./REMSCHMIDT, H.: Legasthenie – Symptomatik, Diagnostik, Ursachen, Verlauf und Behandlung. In : Dtsch Ärztbl 2003: 100: A 396-406 [Heft 7]
Zitiert aus: SCHULTE-KÖRNE, G./REMSCHMIDT, H.: Schlusswort der Diskussion.
In: Dtsch Ärztbl 2003: 100: A 2166-2170 [Heft 33], A 2170

[6] KLICPERA, C./GASTEIGER-KLICPERA, B.: Psychologie der Lese- und Schreibschwierigkeiten. Weinheim: 1995

[7] MEIERS, K.: Schrift gebrauchen lernen – ein schwieriger Prozess?! Berlin: 2000

[8] FRITH, U.: Beneath the surface of develop mental dyslexia. In: Patterson, K. E., Marshall, J. C. u. Coltheart, M. (eds.): Surface dyslexia: Cognitive neuropsychological studies of phonological reading.
Hillsdale:1985
May, P.: Diagnose orthographischer Kompetenz. Handbuch zur HSP 1-9. Hamburg: 2002

[9] BREUER, H./WEUFFEN, M.: Lernschwierigkeiten am Schulanfang.
Schuleingangsdiagnostik zur Früherkennung. Weinheim: 2001

[10] ANSCHLAG, H./CHRISTOPH, M./EDELMANN, W./HEIM, H./KRUG, W./MOHR, C. M./PUHL, F./RHEINBERG, F.: Kinder wollen lernen. Ihre Motivation fördern und erhalten. Berlin: 2003

[11] KASPER, H.: Vom Klassenzimmer zur Lernumgebung. Ulm: 1979

[12] Internationale Klassifikation der Krankheiten, a.a.O.

[13] ESSER, G./WYSCHKON, A.: Erscheinungsformen der Lese-/Rechtschreibschwäche. Berlin: 2000

Lexikon

Laut:

Kleinste akustisch-artikulatorische Einheit der gesprochenen Sprache

Buchstabe:

Graphisches Zeichen zur schriftlichen Wiedergabe von Lauten. Ein Buchstabe kann einen einzelnen Laut (**b** für [b]) oder mehrere Laute (**z** für [ts], mehrere Buchstaben können auch für einen einzelnen Laut stehen (**sch** wie in Schuh)

Phonem:

Kleinste lautliche Einheit mit bedeutungsunterscheidender Funktion (z..B.: lei**t**en oder lei**d**en , das **t** und **d** ist ein Phonem)

Graphem:

Kleinste bedeutungsunterscheidende Einheit in der Schrift zur Bezeichnung der Phoneme (so kann z. B. ein **langes a** in den Graphemen **a**, **aa**, **ah** dargestellt werden)

Morphem:

Kleinste bedeutungstragende Einheit der Sprache: Lauf - **lauf**-**en**, Bild - **Bild**-**er**, **ge**-**bild**-**et**

Wort:

kleinste selbstständige sprachliche Einheit. Es wird nach Wortarten unterschieden, z. B. Verb, Substantiv, Adjektiv, Adverb, Artikel, Präposition ...

Notizen

Notizen